혼자라도 충분해

혼자라도 충분해

최영아 수필집

月刊文學 출판부

들어가며

 살아 있는 한 누구나 생각하며 살아갑니다. 어떻게 살 것인가? 언제부터인가 나는 자신에게 질문했습니다. 그동안 풀어내지 못한 마음속의 응어리를 틈틈히 써보기로 했습니다. 어느 순간 그것은 절실해졌습니다. 누군가, 그리움이 짙으면 꿈이 이루어진다고 했던가요? 우연한 기회에 꿈처럼 등단이 되었습니다.

 나는 어머니 얘기부터 글로 썼습니다. 내가 외출했다 밤에 돌아오는 때면 어머니는 아무리 늦어도 주무시지 않고 3층 아파트 창밖으로 내가 오는 모습을 내려다보고 계셨습니다. 나는 차를 몰고 블랙홀처럼 어둠이 깔린 아파트 주차장으로 서서히 들어가면서 어머니가 내려다보는 눈길이며 그 서 있는 모양까지 느끼곤 했습니다. 바로 그런 얘기를 글로 쓰기 시작했습니다. 「엄마의 까치집과 달」은 그렇게 탄생했습니다.

 어머니 얘기를 글로 풀게 되니까 다른 얘기들도 조금씩 글로 풀려 나왔습니다. 일상생활에서 일어나는 개인적인 경험과 생각을 끄집어냈습니다. 습작들이 쌓였습니다.

이제 조심스럽게 세상에 내어 봅니다. 나의 소망은 평범한 우리 이웃들과 소통하며 공감할 수 있었으면 좋겠습니다. 부끄럽고 두려운 마음이지만, 한번 용기를 내어 봅니다.

많은 날들을 돌아 돌아 이제야 제 자리로 온 것 같습니다. 문밖에서 서성이며 안주하지 못했던 날들을 껴안는 마음으로, 새로운 각오로 한 발짝 한 발짝 가 보려 합니다. 내 평생 넘어져도 쉬지 않고 왔듯이 앞으로도 느린 걸음이라도 쉼 없는 걸음을 걷겠습니다.

차례

들어가며 004

1

엄마의 까치집과 달 013
혼자라도 충분해 019
용자 머리에 불났다 025
동행 030
봄, 깍두기 잔치 033
게발선인장 039
쪼다와 뚱딴지 043
잔치의 끝 048
어버이날에 051
인간은 위대하다 055
장밋빛 콩깍지 060
있어 보인다 063
번데기 날개를 달다 067

2

별, 내가 그런 걸 왜 봐야 하는데? 075

바보들 081

불청객 086

내 가슴에 달린 가을 곶감 091

나에게 사기를 당해 주세요 096

301호 아줌마 100

돌아오지 않는 까마귀 104

땡기는 그 맛 110

나의 흑역사 113

비밀 119

작은 실수가 큰 낭패로 123

그냥 그대로 봐주기 126

기계 발 131

3

꿀순이와 쌀밥　137

할머니의 찐감자　142

폭풍우를 견디는 나무　147

마침표가 없는 전화　152

강하지 않은 것들의 강함　156

바나나의 몰락　161

노트북 속 추석 풍경　165

정동길 문화 답사　170

누가 아이패드를 탈 것인가　174

바삭 바삭 김 예찬　179

푸른 꿈　183

착각은 자유　186

아이러니　191

4

꺼진 듯 살아 있는 고향　197

새벽 별로 뜨는 그대 영혼　205

죽기 살기로 간다　211

엄마는 왜 비틀거렸을까　217

세상에서 가장 무서운 것　221

'분당인생학교'에 다니는 이유　225

겨울나기　229

색깔 배합　232

그들의 발자국　235

지금 이 순간　241

시간　245

우리가 받은 선물　248

내 나이가 어때서　252

| 작품해설 |

이상과 일상의 형상 · 이동희　256

1부

엄마의 까치집과 달

 양옆에 우뚝 서 있는 아파트 건물 사이로 헤드라이트가 앞길을 열며 들어간다. 아니, 내가 차를 운전하고 있으니 내가 들어가는 것이다. 밤이 이슥해 벌써 자는지, 불 꺼진 집들이 대부분이다. 드문드문 보이는 희미한 불빛들이 나를 내려다보고 있다.

 내가 사는 집이 흐릿하게 보이는 바로 앞 주차장으로 들어서다가, 희미하게 불빛이 새어 나오는 3층의 유리창을 올려다보니 유리창 안쪽으로 엄마의 실루엣이 보인다. 베란다에 앉아 내 차가 언제 들어오나? 고개를 살짝 들어 빼꼼히 창밖 아래를 내다보고 계신다. 어쩌다 내가 외출했다 늦게 들어가는 날이면 어김없이 그 자리에 앉아 계신 엄마. 어둠 속이라 엄마의 눈은 보이지 않으나 그 눈빛은 더 예리하게 내 마음의 눈에 와서 박힌다.

 내가 사는 아파트 베란다에는 자그만 테이블과 의자가 창밖을 향해 단정하게 놓여 있다. 나는 친정엄마와 둘이 살고 있다. 나이가 들어가면서도 나는 아직도 어머니라고 부르지 못하고 평소대로 '엄마'라고 부른다. 엄마는 틈만 나면 늘 거기 앉아 계신다. 엄마의 공간이다. 거기서 신문도 보고 기도도 하신다. 내가 나가는 것도 보고 내가 들어오기를 기다리며 내다보기도 하신다. 또 창밖의 풍경도 감상하신다.

아파트는 작은 산자락 밑에 있다. 산자락 끝에 우리 집이 있다. 아파트 바로 밑에 주차장, 바로 위가 산이다. 해서, 마치 내 집 정원인양 나무들이 바로 눈앞이다. 사시사철이 바로 눈앞에 있다. 창밖에 보이는 나뭇가지에 까치집이 있다. 커다랗게 쭉 뻗은 나무들의 가느다란 나뭇가지 사이로 두 개의 까치집이 있다. 하나는 헌 집, 하나는 새 집.

아침에 눈을 뜨고 창밖을 보면 시야에 바로 까치집이 보인다. 까치들은 가끔 그 날씬한 꼬리를 까딱까딱 위아래로 흔들기도 하고 깍~깍~깍 우는 것인지 가족을 부르는 것인지 스타카토로 소리를 내지르고 있다. 아침에 까치가 울면 좋은 일이 생긴다는 옛말이 있기도 한데…. 그래서 옛날부터 까치를 길조라고 부르는 것일까? 또 반가운 손님이 오신다는 말도 있다.

까치도 사람처럼 새집을 좋아하는가 보다. 작년까지 살던 까치집은 버리고, 바로 그 위에 다시 덩그러니 새집을 지었다. 가느다란 나뭇가지를 수없이 물어다가 덩그렇게 둥근 집을 지었다. 아마도 부부 까치가 짓는가 보다. 온종일 두 마리가 쉴 새 없이 왔다 갔다 한다.

아침에는 엄마 까치가 식사를 챙기나 보다. 어디론가 날아갔다 입에 무엇인가 물고 온다. 조금 있다, 다시 날아가서 또 물고 온다. 까치집에는 새끼까치가 몇 마리나 있는지 아마 아까 못 먹인 다른 새끼 까치를 먹이나 보다. 낮에는 또 놀러 다니는 것인지, 한참 동안 어디론가 휙 사라졌다가 한참 후에서야 돌아오기도 한다. 때로는 가끔 친구 까치들도 데려오는 것 같다. 여러 마리가 들락거릴 때도 있다.

엄마는 낮에는 까치집을 바라보며 낮 시간을 즐기신다.

"네 친구는 왜 아직 안 오니? 왜 아직 새끼, 밥 안 먹이니?"

혼자 중얼거리기도 하고 마음속으로 대화도 하신다. 낮에는 까치, 밤에는 달, 당신 자신만 아는 친구가 둘이나 있다. 밤에는 늘 베란다에 앉아 달을 향해 눈빛을 맞추신다. 그래서 그런지 달 전문가 같다. 달을 보면 그 모양새를 가늠하여 음력 날짜를 거의 맞추기까지 하신다.

옛사람들은 초승달은 미인의 눈썹 같다고 했고 보름달은 쟁반 같다고 표현했다. 같은 보름달이라도 추석 때는 추석 보름달이라 했고 정월 때는 정월 대보름달이라 했다.

어느 때는 엄마가 노래도 부르신다.

"달아, 달아 밝은 달아~ 이태백이 놀던 달아~ 저기, 저기 저

달 속에 계수나무 박혔으니~."

이태백이 놀았으면 즐거워야 할 텐데 엄마의 노래는 전혀 즐겁지 않고 왠지 처량하고 구슬프다.

자고로 해는 강렬한 에너지를 느끼게 하고 달은 낭만이 있고 시적이라 하지 않았던가? 조선의 화가 신윤복의 그 유명한 풍속화 〈월하정인〉에서도 나타나 있듯, 은은히 흐르는 달빛 아래의 남녀가 얼마나 고혹적인가?

우리 엄마도 달을 보며 옛 애인을 생각하셨을까? 아니면 이루지 못한 첫사랑을 생각하신 것은 아니었을까? 또 시국이 어지러울 때마다 전쟁 나지 않게 해 달라고, 달 보고 부탁을 하셨을 것도 같다. 한국 사람들 대부분이 품고 있는 전쟁 공포증, 우리 엄마도 전쟁 공포증 환자이다. 거의 환자 수준이시다.

젊었을 때 전쟁을 겪으신 후 그 트라우마가 평생을 가는 것 같다. 옛날 여인들도 엄마처럼 달을 보고 눈물지며 하소연했다고 하지 않던가. 달이 뜨고 지고 뜨고 지고 틀림없이 돌아가는 달, 오묘하다.

그런데 얼마 전부터 까치들이 안 보인다고 하신다.

"얘, 걔네들도 사람처럼 강남의 비싼 아파트로 이사 갔나 보다."

"그러게, 정말 그런가 보네요" 하고 나도 맞장구치며 깔깔 웃었다.

까치들은 바람 부는 날 집을 짓는다고 한다. 바람 불어도 집이 날아가지 않도록 튼튼하게 짓기 위해서란다. 그런 지혜는 어떻게 알았을까? 어쩌면 어미의 어미로부터 대물림으로 알았던 것은 아니었을까?

엄마와 다시 살게 된 것은 한 10년 정도 됐다. 남동생과 사시다가 남동생이 직장 관계로 한국을 떠나야 했기 때문에 내 집에 모셨다. 처음 몇 년 동안은 붓글씨도 쓰러 다녀서 서예가도 되고 가끔 이종사촌 자매들이나 친구분들과 모임도 하고, 먼 곳까지 대중교통으로 활발히 나가 다니시기도 했다. 그런데 4~5년 전부터는 대중교통으로 다니는 것이 힘에 겨운지 점점 눈에 띄게 바깥출입이 줄어드셨다.

처음에는 베란다에 앉아 계신 엄마를 보고 '추운데 왜 저기 앉아 계실까?' 생각했는데 까치집과 달을 보고 계신다는 것을 나중에야 알게 됐다.

그리고 보니 엄마는 자연에 관심이 많고 자연을 많이 사랑하시나 보다. 어느 수필집에서 현대인의 고독을 치유한다고 강의하는 행복 전도사분이 '우주를 끌어들여 소통하므로 외로움을 쫓아내자'라고 강의를 했다는 글을 읽은 적이 있다. 그러나 우리 엄마는 그런 강의를 들은 적도 없지만, 어쨌든 달과는 아주 친하다.

까치집과 달, 늘 혼자 계셔야 하는 당신이 스스로 터득한 엄마만의 놀이 방식인가? 까치집과 달을 친구 삼아 그 무료함을 달래시는 우리 엄마. 엄마를 보면 신선이 따로 있는 것 같지 않다는 생각이 든다. 그리고 내가 나가며 들어가는 것을 내다 보고 계시고 틈만 나면, 낮이고 밤이고 시간을 보내시는 베란다는 특별한 '엄마의 까치집'이 아니겠는가.

혼자라도 충분해

 심심하다고 하며 지루한 걸 못 견뎌내는 친구가 있다. 가끔 전화해서 심심하다면서 "넌 지금 뭐하냐"고 물으며 혼자라서 외롭지 않느냐고도 묻는다. 뭐 그냥 책도 보고 그럭저럭 시간 땜방하고 있다고 대답한다. 친구는 눈이 침침해서 책 보기도 싫고 딱히 하고 싶은 것도 없단다. 친구에게 말은 그렇게 했지만 난 사실 혼자서도 심심하진 않다.

 시계도 가기 싫은 듯 댕댕거리는 나른한 오후, 요때쯤이면 미국에 이민 가서 사는 친구로부터 보이스톡이 올 때다. 마음이 맞는 친구라 우리는 대충 통화 시간대도 안다. 여자들은 딸·아들 키워서 시집 장가 다 보내고 나니 할 일이 없어 무료하고, 남자들도 직장에서 은퇴해서 할 일이 없을 나이다. 우리 나이쯤 되면 부부도 편리한 대로 각자 시간을 보내는 사람들도 많은 모양이다. 대부분의 친구들도 무료하고 심심하다는 소릴 자주 하고 또 듣기도 한다. 그러다가 나름대로 주민센터나 문화센터 등에서 소일거리를 찾기도 하는 모양이다. 지금은 코로나19의 여파로 센터에도 갈 수 없으니 심심해진 것 같다.

지루하고 심심한 것을 못 견디는 것은 나도 마찬가지다. 나에게는 좋지 않은 습관이 있었다. 약속 시간에 잘 늦었다. 어느 날부터 스스로 반성하고 원인을 곰곰이 생각해 봤다. 지루한 시간, 기다리는 시간을 나는 힘들어하는 것 같았다. 그래서 약속 장소로 가는 시간을 빠듯하게 잡다 보니, 요즘 같은 교통난에 늦기가 일쑤였지 않았겠는가.

우선 내가 먼저 가서 기다리자, 로 마음을 바꾸었다. '책을 보자. 지루한 시간을 견디는 방법으로 잠깐 동안이라도 책을 읽자. 간단한 읽을거리를 항상 핸드백에 넣고 다니자'였다. 이 결심을 실천하면서부터 언제 그랬나, 싶게 내 태도가 달라지고 있다.

얼마 전 안국동에 있는 한국공예박물관에 갔었다. 골무와 보자기, 소반과 항아리, 칠기 그릇, 대나무 스툴, 도예, 자수작품 등 시간과 경계를 넘는 다양한 우리나라 공예품들이 화려하게 전시되어 있었다. 그중에서 나의 눈길을 끄는 것은 단연 자수작품이었다. 그 섬세함과 화려한 색채에 넋을 잃을 정도였다.

열 폭 병풍에 기러기들이 오십여 마리가 넘는다. 더러는 나래를 펼치고 비상하는 것도 있고, 더러는 춤을 추듯 날아다니는 것도 있다. 날개를 접고 내려앉으려는 놈, 갈대 우거진 강가에서 쉬는 놈, 다양한 몸짓이다. 아마 하룻 밤 묵어가는 기러기들의 여인 숙인가보다. 흰색과 남색이 어우러진 날개 부분과 다리와 부리의 붉은 색, 윤기가 자르르하며 색채가 선명한 자수 실의 아름다움이 돋보인다.

기러기는 부부 금슬이 좋다고 한다. 한번 짝을 지으면 부부가 절대로 떨어지질 않고 평생 그 짝과 살아간다고 한다. 한쪽이 죽으면 남은 기러기는 혼자 살며 생을 마친다고 한다. 한국의 전통 사회에서 원앙과 기러기는 남녀 간 금슬의 상징이었다. 아마 옛사람들이 부부의 행복을 기원하는 의미에서 안방에 이런 병풍을 친 것이 아닐까.

참, 생각해 보니 혼자 앉아 있던 놈도 있었던 것 같다. '그놈은 짝이 없었나? 어떡하지? 혼자 살았겠네. 정말 끝까지 혼자 살았을까?' 엉뚱한 상상도 해 봤다.

구중궁궐에서 궁중의 여인들, 또는 양반집 규수들이 시간을 보냈던 자수작품. 한땀 한땀 수 놓았을 작품의 우수성이 아름다운 모습으로 클로즈업되기도 하고 찬탄스럽기도 했다. 한편으론 인격 수양을 위한 그 인내와 끈기가 안쓰럽기도 했다. 조금은 우울해졌다. 그 섬세함이라니! '아니, 저런 걸 어떻게 할까?' 타고난 차분하고 꼼꼼한 성격이 아니면 못할 것 같았다. 나 같으면 답답해서 중도에 집어 내동댕이쳤을 것만 같다.

하지만 그 안쓰러움이 다음 순간, 문득 다른 생각으로 바뀌는 것이었다. 역으로 생각하면, 인내와 끈기의 쓰디쓴 고통의 맛이 아니라, 어쩌면 놀이 문화가 없었던 옛 시절의 혼자 놀기의 또 다른 수단이었지 않나 하는 생각.

지금이야 혼자 놀 수 있는 다양한 혼자 놀이 도구들이 개발되어 있지만, 바깥출입이 제한되었던 옛 여인들이 지루한 시간을 보내기 위한 놀이로써의 자수. 쓰고 고통스럽기만 했던 인내의 결과물이 아닌 혼자 즐기기 놀이의 산물이 아니었을까? 거기에 생각이 미치자, 자수작품들이 달리 보이고, 마음이 한결 가벼워졌다.

사람들은 옛날부터 혼자 있는 시간을, 보다 풍성하게 해 줄 각종 취미를 개발해 왔다. 1인 카드 게임, 우표수집, 자수와 같은 가정 여가 활동에서부터 낚시와 원예 등의 활동이 혼자서도 즐겁게 보내기 위한 완벽한 도구로 사랑받았다. 특히 현대에 와서 라디오, 영화, 텔레비전, 컴퓨터, 핸드폰 등의 등장은 혼자 놀기 차원을 한 단계 더 확장시켰다. 케임브리지와 옥스퍼드대에서 역사를 연구한 데이비드 빈센트의 저서 『낭만적 은둔의 역사』는 이처럼 오랫동안 혼자인 시간을 살아가며 사랑하는 법에 골몰해온 인간의 탐구를 집대성한 책이라 한다. 약 400년 동안 혼자 있기를 최초로 다룬 대중서로 혼자의 역사를 따라간 것이라고나 할까.

혼자 놀기에 익숙하지 못한 지금의 우리들은 모이기를 좋아한다. 대다수의 사람들은 혼자 있는 외로움에 익숙치 못해 혼자는 행복하지 않다. 하지만 삶에서 누구나, 짧은 시간이든 긴 시간이든 혼자 있는 시간이 있을 수밖에 없다.

글을 모르던 어린 시절, 심심할 때면 엄마나 할머니에게 옛날 얘기를 해 달라고 졸랐다. 학교에 가고 글을 읽기 시작하고는 책을 읽었다. 책 속에 옛날얘기가 있었다. 도깨비도 있었고 인어 아가씨, 백설 공주도 있었으며 재미나는 세상 얘깃거리가 다 있었다. 그래서 혼자 있을 때도 심심하지 않았다.

글을 쓰기 시작하면서 원고 청탁을 받으면서, 책을 봐야 하는 것은 밥을 먹듯 필수가 되었다. 짬만 있으면 책을 보려 노력한다. 심심할 틈이 없다. 텔레비전 있지, 게다가 핸드폰까지 등장해서 각종 정보, 게임, 소통, 읽을거리 등 혼자 놀거리가 무궁무진하다.

요즘 중학생이 된 손녀와 핸드폰으로 대화도 나누고 아이들이 좋아하는 개그나 문자 놀이도 하니 그 재미가 쏠쏠하다. 이것을 친구들에게 자랑하면 깔깔 호호 웃으면서 친구도 "그건 한물간 거야." 하면서 자기 손자가 가르쳐준 새로운 개그를 가르쳐준다. 핸드폰까지 친구로 등장했으니, 즐겁기도 하지만 때로는 너무 바쁘기도 하다.

까똑 까똑 까똑, 연거푸 카톡이 온다. '아니, 호떡집에 불났나? 왜 이렇게 카톡이 오는 거야?' 캐나다 사는 친구와 작은딸 등의 문자이다. 한동안 잠잠해서 책을 집어 들려는 순간, 이번에는 보이스톡이 울린다. 미국에 사는 친구다.

"세상에 이렇게 가까이 들릴 수가 있다니, 그 먼 데가!"

"그러게, 미국에 있는 너하고도 언제든지 대화 할 수 있으니 참 좋다."

나는 질펀하게 퍼질러 앉아서 시간 가는 줄도 모르고 수다를 떨었다.

'아이쿠! 벌써 저녁때가 됐네. 혼자 놀기도 바쁘다. 바빠! 카톡 봐야지, 보이스톡 대화해야지, 책도 봐야지. 그리고 글도, 아구구구. 참말로 행복한 고민이네.'

'혼자 놀기도 바쁘네.' 심심할 틈이 없다.

용자 머리에 불났다

 파마를 하려고 미용실에 갔다. 요즈음은 미용기기들도 다양해지고 점점 발전되어 옛날과는 비교가 안 될 만큼 많이 다르다. 파마 과정이 거의 끝나가는 내 머리에 미용사가 마무리 손질을 하려고 고데기를 갖다 댄다. 지금은 고데기도 전기를 사용하여 옛날 연탄불을 사용할 때보다 많이 편리해졌다. 내 머리를 미용사에게 맡기고 나니, 문득 저 지나온 뒤안길 유년 시절의 어느 때가 떠오른다.
 그때 나는 무릎 꿇고 벌을 서고 있었다. 두 손도 머리 위로 뻗쳐 들고 한참이나 있어서 두 손과 양어깨가 뻐근하고 아팠던 기억이 지금도 생생하다. 꿇어앉은 다리도 저려 왔다. 나는 삼십 분이 넘도록 벌을 선 것 같다. 얼굴은 죽을상이 돼서 잔뜩 찡그리고 있었고, 눈에서는 눈물이 뚝뚝 떨어지고 있었다.
 초등학교 오학년 때의 일이다. 우리는 그때 청계천 삼가 중구

입정동에 살았었다. 엄마와 외할머니 남동생과 나, 네 식구가 살았다. 아! 그리고 진숙 언니가 있었다.

  6·25전쟁으로 혼자가 된 엄마는 여자 혼자 몸으로 경제를 책임져야 했으므로 생활은 넉넉지 못했다. 하지만 직장을 다니는 엄마는 너무나 바빴고 외할머니는 연로하셨으며 동생과 나는 너무 어렸다. 엄마는 먹고 자며 집안일을 도와주는 '진숙'이라는 이름을 가진 언니를 고용했다. 그때 언니의 나이가 몇 살이었는지 정확히는 잘 모르겠지만 아마 스무 살 정도 되었을 것 같다. 진숙 언니는 미용학원을 다녔다. 언니는 예쁘기도 했지만, 화장품 냄새였는지 옆에만 가면 좋은 냄새가 났다. 앞날이 창창한 소녀가 배우지 못해 계속 남의 집 살이를 해야 하는 것을 안타깝게 여겼던 엄마의 배려로 진숙 언니는 미용 기술을 배웠다.

  아침이면 엄마는 직장으로, 동생과 나는 학교로 갔다. 설거지를 끝낸 진숙 언니는 미용학원으로 갔다. 오전에는 외할머니가 집 안을 지키고 계셨지만, 집안일은 학원에서 돌아온 진숙 언니의 몫이었다.

  우리 집은 가운데에 마당이 있는 ㅁ자 모양으로 된 한옥이었다. 가운데 본채에는 집주인이 살고, 딴채에는 우리가, 다른 한 채에는 나보다 한 살 어린 용자네가 세를 들어 살고 있었다. 우리 집은 방 두 개에 가운데에 부엌이 딸린 집이었다. 그 당시 우리

다섯 식구가 살기에는 적당했던 것 같다.

　학교에서 돌아오면 나는 거의 용자와 붙어서 놀았다. 용자는 나보다 한 학년 낮은 초등학교 사학년 여자아이였다. 남동생은 바로 옆집에 또래의 친구가 있어 자주 옆집으로 놀러 갔던 것 같다.

　용자와 나는 앞마당에서 사방치기도 하고 가끔은 소꿉놀이도 했다. 동생이 있을 때는 동생한테 한쪽 고무줄을 잡으라 하고 고무줄뛰기도 하며 놀았다. 공깃돌, 다섯 개를 공중에 던져서 잡고 노는 공기놀이도 쭈그리고 앉아서 했던 기억이 난다. 보통 그 시절 그 또래의 아이들이 주로 놀던 놀이이다.

　이런저런 놀이를 하다 배가 고파지면 용자와 나는 진숙 언니가 시장에 간 틈을 타서 우리 집 부엌에 들어가 달걀을 구워 먹었다. 연탄불 위에 국자를 올려놓고 국자에 달걀 한 알을 톡 깨뜨려 넣는다. 지금 생각하면 기름을 두르지 않고 그냥 국자 바닥에 깨뜨려 넣으니, 탈 수밖에. 타지 않게 하려고 수저로 연신 저으며 뒤집었다. 우리는 그것을 그렇게 맛있게 먹었다.

　어느 날, 이도 저도 시들해진 나는 새로운 재미난 놀이를 생각해 냈다. 바로 진숙 언니의 고데기였다. 고데기로 여자들의 머리가 예뻐지는 게 신기하고 궁금하던 차였다. 용자에게 고데기로 머리 예쁘게 해준다고, "나, 잘 할 수 있다"고 일단은 뻥을 쳤다.

　용자도 신이 나서 맞장구를 쳤다. 우리는 의기투합해서 진숙 언니의 고데기를 찾았다. 그날도 진숙 언니가 시장에 간 틈을 탔다. 고대기를 연탄불에 올려놨다가 용자의 머리를 고대기로 말으려고 고대기를 댄 순간 지이익, 하는 소리를 내며 머리가 타는 누린내가 나는 것이 아닌가. '아차! 큰일 났구나.' 나도 모르게 당황하여 고대기를 내동댕이치고 말았다. 고대기를 불에 너무 오래 올려놨던 것이다. 내동댕이쳐진 고대기는 하필이면 부뚜막에 놓아둔 김치찌개 냄비에 떨어져 버렸다. 김치찌개가 사방에 튀고 난리가 났다.

용자는 이게 뭐냐며 화를 냈다가 막판에는 찔찔 울지, 흩어져 버린 찌개는 진숙 언니 오기 전에 처리해야지 나는 어쩔 줄을 몰랐다. 울고 있는 용자는 내버려두고, 얼룩진 부뚜막과 튀긴 자국을 부랴부랴 닦았지만 역부족이었다. 결국 진숙 언니와 할머니에게 들키고 말았다. 엄마가 알면 혼날 것을 생각해 진숙 언니와 할머니에게 사정, 사정을 했지만 용자의 오그라든 머리를 속일 수는 없었다.

딸의 머리 때문에 잔뜩 화가 난 용자 엄마에게 우리 엄마가 손이 발이 되도록 빌었음은 불을 보듯 뻔한 일이었다. 그래도 외할머니와 진숙 언니는 김치찌개 사건만은 엄마에게 비밀로 해 줬다. 나중에는 결국 용자의 고자질로 용자 엄마와 우리 엄마도 알게 됐지만.

그로부터 몇년 후 외할머니도 돌아가시고 진숙 언니도 어디론가 떠나갔다. 시간의 흐름에 따라 살면서 우리는 수많은 사람과 만나고 헤어진다. 그중에서 더러는 잊혀지고 더러는 잊혀지지 않는 사람들이 있다. 잊혀졌던 사람들 중에서도 문득 기억의 회로가 작동해, 저 지나온 먼 뒤안길을 떠올리기도 한다. 미용실에 갈 때면 자주 진숙 언니가 생각나고 진숙 언니를 떠올리면 실과 바늘처럼 연탄불에 달궈진 뜨거운 고대기가 자동으로 떠오른다. 눈물을 떨구며 무릎 꿇고 머리 위로 두 손 높이 들고 벌을 서던 내 모습, 용자의 타버린 머리와 함께.

  진숙 언니의 고대기는 호기심 많았던 내 어린 시절의 눈물로 범벅이 된 추억으로 지금도 내 가슴을 적신다. 하지만 이제는 아픔이 아니라 가슴을 따뜻하게 하는 흐뭇하고 웃음기 머금은 재미난 추억으로 내 가슴에 자리잡고 이 세월 속을 동행해 주고 있다.

동행

 넓은 통창 밖으로 부부인 듯한 노인 두 분이, 손을 꼭 맞잡고 걸어가고 있는 뒷모습이 보인다. 아파트 건물 사이, 주차 공간 양옆을 제외한 넓은 공터 한가운데에서 천천히 함께 발걸음을 옮긴다. 백발이 성성하고 다리가 살짝 휜 것으로 보아 팔십은 훨씬 넘어 보인다. 마주 보고 있는 목각인형의 원앙처럼 은근하면서도 포근한 아름다움이 엿보인다. 나른한 오후 나는 아파트 창가에서 무심코 밖을 내다보고 있었다.

 누가 나에게 "남녀 사이가 어떤 사이가 가장 아름답게 보이느냐?"고 묻는다면 나는 서슴지 않고 대답할 것이다.

 "노부부가 두 손 꼭 잡고 가는 것이 가장 아름다워 보인다."

 젊은이들의 사랑이 싱싱한 녹색잎 같은 사랑이라면, 노부부의 사랑은 농익은 빨간 단풍 같은 사랑이리라. 단풍의 아름다움은 마지막 혼신의 아름다움이라 더욱 처절하면서도 세월을 끌어안은 넉넉한 여유가 있다.

유럽 여행을 하다 보면 백발의 노부부들이 손을 꼭 잡고 산책하는 모습을 흔히 본다. 그들의 모습에서 동서양의 문화 차이를 본다. 서구권은 외향적이고 동양권은 내향적이라는 것. 그들은 자신의 감정에 충실하고 주변을 별로 의식하지 않는다는 것. 우리는 주변을 의식하고 드러내지 않는다는 것.

요즘은 우리나라 사람들의 인식도 많이 바뀌어서 우리 주변에서도 노인 커플들의 그런 모습을 많이 볼 수 있다. 그 순간 나는 문득 사는 동안 수많은 난관을 어떻게 헤쳐 나왔는지, 밉지는 않았었느냐고 묻고 싶었다.

하지만 혹여나 그랬을지라도 이제는 모든 게 용서가 되는 모양이다. 너나 나나 고단한 인생길 얼마나 힘들게 왔느냐며 서로 다독이는 부부. 인생의 질곡을 넘어 이제는 무덤덤하기까지 한 사랑이지만 묻지도 따지지도 않는 깊은 신뢰가 축적된 사랑이 있음이 보이는 것 같다.

친한 친구의 언니가, 학문적 동지로 만난 분과 80세에 재혼을 하셨다.

"뭐라고? 80세에?"

우리 친구들은 잠시 충격이었지만, "잘 됐네. 서로 의지하시는 거지 뭐." 하고 마지막 인생길을 두 손 꼭 잡고 서로 지지대가 되어, 동행하는 두 분의 모습이 마음속으로도 든든해 보였다. 두고 두고 응원의 박수를 쳤다. 짝, 짝, 짝.

유행가 〈동행〉이라는 노래를 나는 참 좋아한다.

'누가 나와 같이 함께 울어줄 사람 있나요~ 누가 나와 같이 함께 따듯한 동행이 될까?'

쉬운 가사이면서도 허한 내 감성을 두드리며, 촉촉이 가슴에 젖어 든다. '따듯한 동행', 채우지 못한 영혼을 충만하게 할 것만 같다.

누가 나와 같이 함께 따듯한 동행이 될까? 마주 앉아 따끈한 커피 한잔 마실 수 있는 사람. 정서가 통해 오래도록 대화해도 지루하지 않은 사람. 언제 만나도 오랜 친구처럼 편안하고 평범한 사람. 평범한 사람, 어느 사회나 평범한 사람들이 자신이 사는 사회를 아름답고 따듯하게 만들고 있지 않은가.

넘어질세라 서로 두 손 꼭 잡고 천천히 걸어가는 저 노인들이 바로 인생 황혼길을 밝게 만드는 진정한 동행자가 아닐까. 서로 징검다리가 되어 살아온 세월 속에는 이미 그런 사랑이 녹아 있는 것이 아닌가. 쭈글거리는 손이지만 꼭 맞잡은 두 손에는 따듯한 온기가 있다. 서로가 서로에게 위로가 필요한 사람, 주고받는 한마디 말을 붙잡고도 위안이 되고 편안히 꿈꾸며 잠잘 수 있는 사이…. 동행하는 친구, 동반자이다.

봄, 깍두기 잔치

 이른 봄인지 늦은 겨울인지 모호한 요즈음, 그래도 이번 겨울은 그다지 춥지는 않았다. 입춘이 벌써 지났는데도 아침저녁으로 반짝 꽃샘추위는 사정없이 쌀쌀맞게 굴었지만, 그나마 한낮에는 기온이 온화해서 견딜 만하다.
 산과 들, 거리의 나무들은 일찌감치 땅속에서 은밀히 봄을 맞이할 준비를 하고 있을 것이다. 겨우내 앙상한 가지만 남은 나무들도, 아기 혓바닥 같은 여리고 여린 파르스름한 예쁜 잎을 부끄러운 듯 내밀 것이다. 더 기다리면 아지랑이가 피고 기지개를 활짝 펴며 꽃을 내보내는 상큼한 봄이 "나 왔소!" 할 것이다. 이맘때면, 겨우내 먹어 왔던 김장 김치가 슬슬 먹기 싫어진다.

 어느 날 직장 생활을 하는 작은 딸이 말한다.
 "엄마, 우리 깍두기 한번 담가 주세요."

입맛이 없으니 매콤달콤 오도독 씹히는 맛, 상큼한 깍두기가 먹고 싶은가 보다.

다음날 오전 중에 무 3개로 깍두기를 담갔다. 큰 무 3개를 잘라 놓으니 꽤 많았다. 큰 들통에 2/3는 되는 것 같았다. 딱 맞게 익혀야 제맛이므로, 2~3일 지난 후에는 아침저녁으로 간을 봐가며 적당하게 익었을 때 냉장고에 넣었다. 익혀서 맛있을 때 딸들도 먹이고 싶고 동생네도 주고 싶다.

'다들 맛있게 먹었으면 좋겠다. 내일쯤 모두에게, 조금씩 갖다 줘야지.'

점심 때 뻘건 깍두기에 밥을 비벼서 계란프라이와 김을 먹었다. 그 개운하고 달착지근하며 살짝 매콤한 오묘한 맛이라니! 나는 이렇게 깍두기에 밥 비벼 먹는 걸 좋아한다. 나는 초식녀이다. 고기보다는 해물과 채소를 좋아하고, 담백한 음식을 좋아한다. 이걸 좋아하는 친구가 또 한 명 있다.

'나 지금 깍두기에 밥 비벼 먹는다. 너희 집에서 밥 먹던 생각 하면서.'

그 친구에게 문자를 날렸다.

학창 시절, 자주 놀러 가던 친구 집이 있었다. 그 친구 부모님은 사업을 하시는지 집에 거의 계시지 않았다. 집안일을 돌봐 주던 일하는 아주머니가 계셨다. 그분이 전라도 분이었는데, 솜씨가 좋아서 음식을 아주 맛있게 하셨다. 그 친구 집 음식이 다 맛이 있었으니까.

엄마한테는 공부하러 친구 집 가서 잔다고 해놓고 공부를 하는 건지 노는 건지, 공부 반, 노는 거 반 하다 보면 한밤중에 배가 고파진다.

"야 배고프다. 우리 뭐 먹을까?"

그 친구가 먼저 말한다. 나는 우리 집이 아니니 조심스러워 적극적으로 먹자고도 못하고 못이기는 척 작은 소리로 좋다는 표시를 한다.

"깍두기 비벼 먹자."

우리는 의기투합 해서 후다닥 부엌에 가서 커다란 양은 그릇에 그 뻘건 깍두기를 국물과 함께 밥에 쓱쓱 비벼, 머리를 맞대고 납작한 스텐 수저로 번갈아 가며 입에 가득 집어넣었다.

"참, 참기름도 두어 방울 치고."

그 친구도 그걸 지금까지도 좋아한다. 요즈음도 그 친구가 깍두기에 밥 비벼 먹었다는 소릴 가끔 한다.

"얘, 그거 얼마나 맛있는 줄 아니?"

저녁에 그전에 선약이 있던 친구를 만나러 갔다. 식당에서 만나서 저녁을 먹기로 했지만, 갑자기 나가기 귀찮다고 외식하지 말고 자기 집에서 시켜 먹자고 한다. 저녁에 남의 집 가기가 싫어서 갈까 말까 망설였지만 혼자 사는 친구고, 허물없이 지내는 사이라 가기로 했다. 막상 가려니 빈손으로 가기가 꺼려진다.

'잘됐네. 깍두기 가지고 가야겠다.'

나는 깍두기가 더 먹음직스럽게 보이기 위해 예쁜 유리그릇에 깍두기를 가득 넣어서 국물이 흐르지 않도록 랩으로 여러 번 둘렀다.

"요즘 입맛이 없었는데, 고맙다. 야! 맛있다. 색깔도 예쁘네. 대한민국 깍두기다! 한국 사람 아니면 이 맛을 모를 거다. 흐흐."

친구는 그릇에 있는 뻘건 깍두기 하나를 손가락으로 집어 맛을 보며, 엄지손가락을 치켜올린다. '엄지, 척'이다. 그러면서 얼굴에 활짝 웃음을 머금고 얼른 받아서 김치냉장고에 집어넣었다.

다음 날 오전 중, 결혼 후 강아지를 자기 아이처럼 키우는 가까이 사는 큰딸 집으로 깍두기를 갖다주러 가면서 전화를 했다.

"깍두기가 알맞게 익어서 아주 맛있다."

아니나 다를까 딸은 내가 몇 마디 하기도 전에 막 화부터 낸다.

"미리 전화하지 않고 예고 없이 온다, 갖고 오지 말라, 안 먹는다" 등 타박이다.

요즘 시어머니가 예고 없이 가면 며느리들이 문도 안 열어준다는 사회 풍자적인 말도 들어 봤는데, 맞는 말이다. 그래도 딸이라서 그냥 간다. 나는 딸 반응이 뻔히 그럴 줄 알면서, 또 타박하려니 생각하면서도 내 두 발은 딸 집을 향해 부지런히 가고 있었다.

미리 전화하고 갔으면 가지도 못하고 아예 주지도 못할 뻔했다. 원래 큰딸은 갖고 오지 말라고 해도 갖다 주면 잘 먹고 밥 먹으라고 하면, 안 먹는다고 하면서도 아주 맛있게 밥을 잘 먹는 스타일(?)이다.

'청개구리인가?'

내 배에서 나왔지만, 나도 모르겠다. 혼자 씩 웃었다. 딸은 약속이 있어 막 나가려던 참이었는데, 엄마 때문에 늦었다고 투덜거리면서도 애써 웃으며 받아 든다.

판교 사는 남동생네도 갖다 줬더니 올케가 반색하며, 나올 때 홈쇼핑에서 산 명란젓을 다섯 팩이나 챙겨준다.

"배보다 배꼽이 더 크네."

올케한테 웃으며 기분 좋게 말을 던졌다. 돌아가며 세 집을 나눠 줬더니 막상 우리 집 먹을 것이 별로 없다.

'우리 먹을 것도 남기지 않고 너무 많이 퍼줬나? 그래도 기분은 좋다. 또 담지 뭐.'

딸 부부와 아이들이 깍두기를 맛있게 먹을 생각을 하니 엔돌핀이 도는 듯 행복한 거 같기도 하다. 상큼한 깍두기 잔치를 벌인, 나의 봄은 이렇게 시작되었다. 입가에 나도 모르게 미소가 번진다. 라디오에서는 부풀어 오른 내 마음을 아는 듯 신나는 댄스곡이 흘러나오고 있다. 하늘은 모처럼 맑고 푸르다.

저녁에는 뜨끈뜨끈한 곰국을 끓여 식탁에 올려야겠다. 딱 알맞게 익은 깍두기도 함께.

* 깍두기의 유래는 젓무·홍저라고도 하며, 궁중에서는 송송이라 하였다. 홍선군은 깍두기의 유래를 "정조 때의 왕의 딸인 홍현주 부인이 처음으로 만들어 왕에게 바쳤다. 당시의 이름은 '각독기'라 하였는데, 공주로 낙향한 정승이 깍두기를 민간에 퍼뜨렸기에 공주 깍두기라는 이름이 나왔다"라고 『조선 요리학』에서 설명하고 있다.

게발선인장

내 아파트 거실에는 몇 가지의 화초들이 있다. 추위를 몰고 오며 겨울이 시작되면, 그때까지 베란다에서 햇빛을 듬뿍 받던 화초들은 햇빛과는 좀 멀어지지만 따듯한 실내, 거실로 이사를 한다. 함께 살기 시작한 지 거의 20년이나 된, 백합과에 속하는 드라세나마지네타는 벽면 텔레비전 왼쪽에서 큰 키를 자랑하며 호위무사처럼 위풍당당하게 서 있다. 가늘고 긴 잎사귀를 축축 늘어뜨리고. 그 옆에 얌전히 자리잡고 있는 금전수는 옆 친구의 큰 키를 올려다보며 가지 하나를 척, 옆에 걸치고 구애를 한다. 오른편에는 커다란 흰 화분 속에 잎새가 빽빽이 들어차 있는 소담한 산세베리아가 존재감을 뽐낸다. 굵고 쭉쭉 뻗은 잎새가 그 수가 몇십 개나 되는 대가족이다. 세상 구경하겠다고 앞다투어 싹을 올려 비좁은 화분의 흙을 뚫고 너도나도 나왔기 때문이다. 그외에 작은 화분들 몇 개가 올망졸망 사이좋게 살고 있다. 그리고 맞은편 소파 옆에 조그만 싸이드 테이블 위에 줄기의 모양이 게 발을 닮아 게발선인장이라고 이름 지었다는 그 게발선인장이 놓여 있다.

남편이 저세상으로 가고 난 후, 엄마와 같이 살게 되었다. 용인으로 이사 와서 엄마와 내가 처음 한 일은 우리가 정착할 수 있는 적당한 교회를 물색하는 거였다. 조금 멀리 떨어진 목사님 설교가 좋다는 곳도 가보고, 친구가 좋다고 권하는 곳도 가 봤다. 몇 군데 가보고 난 후에 우리가 내린 결론은 그냥 제일 가까운 곳으로 정하자는 거였다. 처음 나가는 교회는 낯설었지만 우리에게, 아니 엄마에게 유독 친절한 Y집사님이 계셨다.

하루는 그분한테서 점심식사 초대를 받았다. 그분은 아파트 베란다를 거의 다 차지할 만큼 많은 화초를 키우고 계셨다. 노년에 화초 키우는 재미에 사신다고 하면서 깔깔대고 웃으셨다. 거기에는 타원형 모양의 통통한 잎새가 마디마디 이어져 사방으로 무성하게 뻗어나간 선인장이 있었다. 군데군데 진분홍 색깔의 꽃이 만발한 선인장은 꽃대가 많아서 눈에 확 띌 정도로 화려했다.

"와! 이 선인장 참 예쁘네요. 엄청 화려하네요."

"예쁘죠? 내가 화초 키우는 데 얼마나 공을 들였다고."

"이거 이름이 뭐예요?"

"이거? 게발선인장인데, 관리하기도 편하고 꽃이 아주 잘 펴."

집사님은 우리가 집으로 돌아올 때, 이제 나이 많아 관리하기가 힘들어 지인들에게 나눠주고 있다면서 그 선인장을 챙겨 주셨다. 우리 집으로 이사 온 게발선인장은 처음 몇 년 동안은, "너희들 나만큼 이뻐?" 하며 같이 사는 다른 화초들에게 으스대는 듯 그 전성기를 자랑했다. 하지만 세월이 갈수록 그 화사함과 풍성함을 잃어 갔다. 한때 만발했던 꽃들은 하나둘씩 시들며 생기 넘치던 모습은 점점 사라지기 시작했다. 선명했던 녹색은 햇빛에 바랜 듯 옅어지며 점점 말라가는 잎들이 늘어났다. 내가 관리를 잘못했는지 아니면 사람의 일생처럼 모든 생물도 흥하고 쇠하는 운명 때문이었는지는 모르겠다. 엄마의 성화가 늘어났다.

"얘, 너 허리 다칠라. 늙어서 허리 다치면 큰일난다."

베란다의 배수 시설을 막아버려 화분에 물을 주려면 화장실까지 들어서 옮기기 때문이다. 점점 더 엄마의 말씀이 강도가 심해진다.

"얘, 그거 제발 갖다 버려라. 꼴도 보기싫다."

그 무렵부터 엄마와 Y집사님의 관계가 삐꺽거린다는 것을 느꼈다. 그 집사님의 흉을 자주 보셨다. 지금은 엄마가 돌아가신 지도 일 년이 좀 넘었다. 아직도 작은 테이블 위에 게발선인장이 지친 모습으로 앉아 있다.

이제 나에게는 고민이 생겼다. 아무래도 게발선인장이 그 수(壽)를 다한 것 같아 버리긴 버려야 될 텐데, 버리는 방법이 문제다. 몸값이 비싸고 귀한 꽃에 비해 세상에서 크게 대접받진 못했지만 나름 최선을 다해 꽃을 피워 우리의 눈을 오랫동안 호강시켰다. 가끔 선물 받은 꽃들이 아무리 아름답다고 해도 폭삭 시들어 누렇게 말라버린 잎들이 눈에 거슬리면 두말 할 것도 없이 쓰레기통에 버려버리기도 했다.

하지만 이번엔 달랐다. 화려하게 피었다가 시들어 버리는 것이 우리 인생과 닮은 것도 같았고, 잘못 버렸다간 나를 원망할 것만도 같았다.

감탄고토(甘呑苦吐), 달면 삼키고 쓰면 뱉는다는 사자성어도 생각났다. 어쨌든 이래도 저래도 편치가 않았다. 그럼 어떻게 할 것인가? 요즘 반려동물뿐만 아니라, 반려식물, 무생물인 반려돌, 반려인형 등 다양한 반려 사물들이 있다고 한다. 반려견이 죽으면 장례문화가 점점 더 고급화되고 사치해진다고 한다. 비록 사람은 아니지만 함께 살며 구성원으로서의 중요성을 인식하여 생을 마감할 때 예의를 갖추어 작별을 고한다는 인식이 확산되고 있는 것 같다고 한다.

애완견처럼 화려하게 장례를 치러 줄 순 없고, 아파트 아래 화단에 파묻어 주면서 절이라도 해야 될까? 그것이 너무 과하면 묻어 주고 따듯한 손길로 다독여주며 마음속으로 잘 가라고 기도해 주는 것은 어떨까? 아직 이 숙제가 남아 있다.

쪼다와 뚱딴지

 저녁, 남편의 퇴근 시간이 가까워온다. 결혼한 지 3~4년이 지난 어느 날이었다. 나는 남편의 퇴근 시간에 맞춰 낮 동안 입어서 후줄근해진 옷을 벗어 던지고, 깨끗한 옷으로 갈아입고 헝크러진 머리도 매만지며 매무새를 고치고 있었다.

 띵동 띵동, 드디어 벨 소리가 울린다. 나는 반가움에 얼른 뛰어나가 마당을 가로질러 대문을 열었다. 주택에 살았으므로 마당이 있는 집이었다. 그때는 지금처럼 자동으로 열리는 번호키가 없을 때였다. 문을 여는 나를 보자 남편도 빙긋이 흐뭇한 미소를 짓는다. 대문 안으로 들어오며 얼른 내 손을 덥석 잡는다. 뒤이어 누가 먼저랄 것도 없이 우리는 자연스레 어깨동무를 했다.

"별일 없었지?"

남편이 나에게 다정스레 묻는다.

"응, 뭐 별일 없었죠."

나는 고개를 끄덕끄덕하면서 대답했다.

"그래? 에이, 쪼~오다."

남편은 장난스런 말투로 싱긋 웃으며 내 어깨 위에 얹었던 팔에 더 힘을 줘 살짝 안으려 한다. 하지만 나는 그 말에 갑자기 기분이 잡치고 말았다. 어깨동무했던 팔을 갑자기 확 풀고 영문을 몰라 어리둥절해 하는 남편을 홱 뿌리치고 먼저 들어와 버렸다.

얼마 전부터 '쪼다'란 말이 거슬려 신경이 쓰이던 터였다. 남편은 시도 때도 없이 쪼다란 말을 남발했다. 이뻐도 쪼다, 미워도 쪼다, 어떤 날은 쪼다, 쪼오다, 또 어떤 날은 쪼쪼다라고 할 때도 있었다. 처음엔 그러려니 했다. 나쁜 뜻은 아니고 더구나 고의는 아니니 문제 삼는 것도 우스운 일이라고 생각했다. 자기 사람이 됐으니 허물없고 편해서 그런가 보다 하고 넘겼다. 하지만 갈수록 말끝마다 쪼다를 붙이는 것에 신경이 곤두섰다. 부러울 것이 없이 자란 그였고, 아버지 없이 어렵게 자란 나였다. 매사에 정확한 남편이고, 나는 건망증도 있고, 의사 표현을 똑똑하게 정확히 하지 못하는 점은 좀 있다. 사람하고의 관계에서 지나치게 자기주장을 하다 보면 부딪치기도 하고 서먹해질 때도 있다. 나는 그 후의 불편함을 감당하기가 어렵기도 하고 싫다. 그래서 마음에 안 들어도 때로는 내색을 안하고 그냥 넘어가기도 한다. 그런 나의 분명치 않은 태도가 쪼다로 보였나? 나를 은근히 무시하나? 사실 나는 벼르고 있었다.

'또, 한 번만 그래봐라, 가만 있지 않을 것이다.'

뒤따라 들어온 남편이 내 팔을 낚아채며 묻는다.

"왜 그래? 화났어? 뭣 땜에?"

"그래, 화났어요. 자기는 왜 맨날 나보고 쪼다라고 해? 내가 왜 쪼다야?"

상황을 파악한 그는 나를 달래려고 그러는지 약간 능글거리는 태도로 물었다.

"당신은 내가 당신을 사랑하는 게 싫어?"

"…근데?"

"나는 사랑한다는 뜻으로 쪼다라고 해. 재밌잖아. 그냥 귀엽다는 애칭 같은 것이지 뭐."

"참 나! 뚱딴지 같은 소릴 하네."

"뚱딴지? 나보고 뚱딴지라고? 뚱딴지가 무슨 뜻인지나 알아?"

"몰라. 당신이 나보고 쪼다라고 하니까 나도 뚱딴지라고 하는 거지 뭐."

"에이, 그럼 우리 쪼다와 뚱딴지 부부로 할까?"

"암튼 난 쪼다는 싫으니까, 당신이 쪼다 해."

"알았어. 그럼 난 쪼다, 당신은 뚱딴지."

"하하하, 호호호."

결국 우리는 웃고 말았다. 더 이상 말로 옥신각신하다가는 큰 싸움이 날 것 같아 서로의 감정을 누르고 그날은 그쯤해서 넘어

갔다. 그러나 나는 기분이 다 풀린 것은 아니었다. 풀리지 않은 숙제가 있는 것처럼 마음 한구석이 개운치가 않았고 찜찜했다. 다행히 남편이 평소답지 않은 나의 완강한 태도에 속으로 충격을 받았는지, 그 이후로는 쪼다란 말을 다시는 하지 않았다.

사촌여동생이 노처녀로 삼십대 후반이 되었는데도 결혼을 못하고 있었다. 그런데 오랫동안 그녀를 짝사랑하던 남자와 연락이 닿아 만나기로 했다. 내키지는 않았지만 나이가 나이인지라 마음을 고쳐먹고 약속 장소로 나갔다. 식사도 함께하며 그동안의 생활에 대해 얘기를 나누었다. 식사 후, 카페에 가기 위해 횡단보도를 건넜다. 파란불이 깜박거리자 마음이 급해진 남자가 그녀의 팔을 살짝 잡았다. 그러면서 하는 말.

"어휴! 실하다."

그 순간 그녀는 잡혀 있던 팔을 싹 빼버렸다. 당시 그녀는 살짝 통통한 편이었다. 다이어트가 효과를 보지 못해 고민 중이었다. 우리는 실하다는 표현을 흔히 통통한 아기들한테 했던 것 같다. 어쨌든 그 표현이 그녀의 자존심을 건드렸다. 그 이후 그런 눈치 없는 남자는 안 되겠다고 하면서 만나지 않았다. 그의 계속된 연락에도 불구하고 관계를 끊어버렸다.

'미친년'이라는 말을 자주 하는 친구가 있었다. 나는 그 친구의 '미친년'의 의미를 안다. '미친년'이라고 할 때는 기분 좋을 때, 상대방 몸에 살짝 기대는 듯하며 애교스런 콧소리를 낸다. 즉, 친밀함의 표시이다. 그러나 그것이 오래 사귀어서 곰삭은 관계일 때는 통했는데, 어느 날 다른 친구와 싸움이 났다. 예의 그 '미친년' 때문이었다.

근래에 들은 얘기인데, 결혼식을 하고 있던 신부가 웨딩드레스를 밟았다 한다. 그것을 본 신랑이 신부보고 칠칠맞다고 했다. 그 말이 발단이 되어 결국 이혼했다고 한다. 이혼한 부부 중, 가장 빠른 이혼이었을 것이라고 한다.

내가 겪은 경우도 그 당시에는 쪼다라는 말이 꽤 유행이었지 않나 싶다. 남편은 기분이 좋을 때도 쪼다란 말을 많이 했고, 남들한테도 많이 했던 것 같다. 요즘 애들 말로 꽂혔는지, 한동안 습관이 되었었나 보다. 언어도 시대에 따라 변한다. 요즈음 젊은이들한테서는 쪼다라는 말을 잘 듣지 못했다.

'말 한마디에 천 냥 빚을 갚는다'는 속담이 있는 것처럼, 말 한마디가 얼마나 중요한가를 생각케 한다. 말을 잘하면 큰 이득을 얻기도 하지만 반대로 생각 없이 말하는 말실수로 인해서 인간관계가 불편해질 때도 있고 때로는 멀어지기도 하며 심지어는 관계가 끊어지기도 하지 않는가.

잔치의 끝

엊그제 외출했다 집에 들어오다 미끄러질 뻔했다. 발밑에 뭉클한 무언가가 밟히는가 싶었는데 미끄러웠다. 다행히 가까스로 미끄러지지는 않았다. 아파트 단지 안, 인도 위에 떨어진 목련꽃 잎사귀였다. 모양으로 보아 떨어진 지 오래 되지 않은 잎사귀였다. 미처 마르지 않은 잎사귀는 수분을 머금고 있어 아직은 죽지 않았다고 항변하고 있는 것 같았다. 그러나 군데군데 떨어진 잎사귀는 곧 생의 마지막 순간을 맞이하고 있었다.

이른 봄에 피는 꽃들이 기지개를 켜며 봄소식을 알리는가 했는데 벌써 져버렸다. 동네방네 그렇게 눈부시게 화려했던 벚꽃도 추풍낙엽처럼 일시에 떨어져 버렸다. 거리에는 연분홍 꽃잎들이 눈송이처럼 수북이 쌓였다. 바람이 불 때마다 휘날리며 그래도 나는 아름다웠노라고 춤추듯 자랑하는 것 같았다. 한꺼번에 함박웃음을 웃고 한꺼번에 웃음이 뚝 끊겨 버렸다. 한 시절 사람들의 마음을 흔들어 놓았던 그 벚꽃 잔치는 이제 볼 수가 없다.

해마다 느끼는 거지만, 아쉬운 점은 꽃이 피었다가 지는 주기가 너무 짧다는 것이다. 아름다움을 극대화시키려는 신의 농간인가, 깜짝 파티이기에 더 즐거울까? 너무 뻔한 얘기 같지만 새삼 또 '화무십일홍'을 생각치 않을 수 없다. 꽃이 열흘 동안 붉을 수 없음을 뜻하는 것으로, 흔히 아무리 대단한 인간의 권력이나 부귀영화라 할지라도 영원히 지속될 수 없음을 빗대어 말하기도 하지 않는가.

우리는 권력의 덧없음을 수없이 많이 들어 왔고, 또 봐 왔다. 언뜻 생각나는 대로 열거하자면, 세계사적으로 러시아 혁명으로 처형된 니콜라이 2세, 프랑스 혁명으로 처형된 루이 16세와 마리 앙트와네트, 유럽 전체를 휘두르며 황제의 자리까지 올랐던 나폴레옹, 독일의 히틀러, 루마니아 독재자 니콜라이 차우세스쿠, 이라크의 사담 후세인 등등 시대와 나라를 막론하고 비일비재하다.

1세기에 한 번 나올까 말까 할 만큼 아름답다고 칭송을 받았던 엘리자베스 테일러도 결국 죽고 말았다. 찬란한 아름다움은 어쩐지 더욱 슬프다. 그 진가를 알지만 오래 지속되지 못한다는 점, 그 짧은 운명을 우리는 이미 알고 있기 때문이다. 내가 생화 꽃다발을 좋아하지 않는 이유이기도 하다. 몸체에서 잘라져 나와 죽은 목숨이나 다름없는 그 생명이 안타깝다. 한껏 피었던 때와 질

때의 모습은 너무나 대조적이다. 퇴색된 색상과 쭈그러진 모습은 보기에도 민망하다. 시들어 떨어진 꽃잎과 잎사귀는 처리하기도 성가시다.

세월이 유수와 같다더니, 나이 들어갈수록 세월의 빠름과 생명과 인생의 무상함이 절실하게 느껴진다. 사시사철 변하는 우주 순환의 법칙에 순응하며, 자연의 아름다움을 그때그때 즐길 수 있음을 감사해야 할까? 불가항력인 인간이지만, 그래도 아쉬운 마음은 어찌할까. 아니 잠깐이기 때문에 더 그 아름다움이 짙고 깊은 것일게다. 내년에 또 볼 수 있다는 기대와 푸르게 짙어가는 잎사귀들의 또 다른 매력에 아쉬움을 달래봐야지, 마음을 다스린다. 이제 영산홍과 철쭉, 또 다른 봄꽃들이 우리를 향해 손짓하고 있으니.

봄은 또, 어느새 왔듯이 어느새 갈 것이다. 연분홍 수줍은 얼굴로 왔다가 아쉬움을 남기고 휙 가버릴 것이다. 사람도 봄 따라간다. 하지만 봄은 내년에 또 오지만 사람은 한번 가면 다시 오지 않는다. 그래서인가, 꽃들이 떠날 때는 차마 떠나기 힘든 듯 그리움과 소망과 동경(憧憬) 같은 향수를 사람들의 가슴속에 품어주고 낙화(落花)하는 것이 아니겠는가!

어버이날에

 방금 엄마를 뒤로한 채, 점심식사를 하기 위해 딸들에게 가고 있다. 딸들이 판교 근처 레스토랑에 예약을 해 놨다. 어버이날이라고 특별한 식사를 계획한 모양이다. 하지만 집에 계신 엄마가 생각나 뒤에서 누가 잡아당기기라도 하듯 마음이 거꾸로 가는 것만 같다. 같이 가자고 몇 번 간청해 봤지만, 안 간다고 거절을 하신다. 워낙 연로해서 바깥출입이 불편하시기 때문이다. 요즈음 자꾸만 작아져 가는 엄마의 모습에 때론 우울하기도 하고 마음이 무겁다. 숨이 차다고도 하고 감기 기운이 있어 컨디션이 안 좋다고도 하신다. 불편하다고 하소연하는 빈도가 갈수록 많아지신다. 이별할 날이 가까워진 것은 아닐까 하는 생각에 두려워지기도 한다. 오래오래 내 곁에 계시면 좋으련만….

 세월이 유수와 같이 빠르다고 하더니, 정말 세월 가는 줄도 모르고 지낸 것 같다. 엄마는 한동안 남동생과 사셨는데, 남동생이 갑자기 직장 관계로 중국에 가서 살게 되었다. 독거노인이 되기가 싫었는지, 그때 엄마는 우리 집으로 들어오신다고 하셨다. 그때 나에겐 출가 전이기는 했지만 강아지를 두 마리나 키우고 있는 딸이 있었는데, 이 때문에 나는 조금 꺼려져서, 즉답을 할 수 없었다. 마지못해 딸이 시집간 후에 들어오시라고 했다.

어느 날 화가 잔뜩 나서 흥분하며 전화에 대고 귀가 따갑게 느닷없이 큰소리를 지르셨다. 부모를 모른 척하는 배은망덕한 자식이 있다고 고발하고 신문에 내겠단다. 서슬 퍼렇게 호통을 치셨다. 정말 신문에라도 낼 듯한 기세셨다. 그래서 결국 같이 살게 됐다. 그렇게 기가 세던 엄마였는데, 이제는 바람 빠진 타이어처럼 그 팽팽하던 기가 스르르 많이 빠져만 가신다.

많은 상처와 자칫 떨어질 것만 같았던 절벽 같은 현실을 헤쳐 나왔던 엄마, 참으려 안간힘을 쓰다가도 어쩔 수 없이 흘러나오는 봇물 같은 눈물을 막을 수 없나 보다. 그럴 때면 간간이 자신이 살아야 했던 처절한 삶을 토해내신다. 자존심 때문에 누구에게도 속속들이 말하기 싫었을 부분까지 혼자 삭히기에는 못 견디겠는지 큰딸인 내게는 자주 털어놓으신다.

엄마는 육이오 때 혼자 된 후 누구의 도움도 없이 철저히 혼자서 남동생과 나를 책임져야 했다. 낭떠러지 앞에 섰던 엄마, 지독히 어려운 환경에서도 만학으로 학업을 이어 가신 엄마, 결국 엄마는 기를 쓰고 공부해서 대학교수가 되셨다. 그토록 의지가 강하고 당찼던 엄마셨다.

구십이 넘은 지금도 나와 함께 주민센터 영어 회화반에 가서 강의를 듣는 엄마! 공부하는 일에는 무조건 열성적인 엄마시다. 늙으면 '배운 사람이나 못 배운 사람이나 똑같이 평준화된다'는 말이 있다. 어쩌다 은행에 볼일이 있어서 가실 때가 있다. 어떤 때는 은행 여직원이 친절하게 웃으며 다가와 은행용지를 대신 써줄까를 묻는다고 한다.

"얘, 내가 글자도 모르는 늙은이처럼 보이나 보다" 하고 웃으신다.

가끔 내가 왜 그렇게 기를 쓰고 공부를 했는지 모르겠다고도 하고, 공부를 했으니 잘했다고도 하신다. 살아보니 세상사, 배운 사람이나 못 배운 사람이나 사는 게 다 비슷하다는 의미일까?

자동차 속, 라디오에서는 〈어머니 은혜〉 노래가 흘러나온다. 오늘만큼은 누구든 한 번쯤 부모님 생각들을 할 것 같다. 오늘 아침 텔레비전 방송에서는 어버이날 특집이라고, 유명인들이 나와서 부모님과의 애절했던 저마다의 사연들을 끄집어냈다.

특히 돌아가신 어머니, 아버지에게 효도하지 못했던 것을 안타까워하며 눈물짓는 사람들도 있었다. 다들 후회한다며 살아계실 때 잘할 걸 그랬다고도 했다. 문득 아직은 엄마가 살아계시지만 나는 어떤가? 하는 생각을 해 봤다. 늘 혼자 계셔서 무료한 당신.

나만 보면 자꾸 말을 붙이고 얘기를 늘어놓으신다. 내 할 일에 쫓겨 귀담아 듣지 않고, 조금은 귀찮아도 했던 나다. 사는 게 뭐가 그리 바쁜지, 내 앞가림이 우선이다. 편안하게 해 드리지도 못한다. 그저 곁에 있으면 되는 거려니 하고 너무 무심한 것은 아닌지?

언제나 진정으로 내 편만 드시는 엄마. 가끔 자식들한테서 사소한 서운함이 있을 때, 하소연을 하면 다 듣기도 전에 민망스러울 만큼 무조건 내 역성만 드신다. 아무리 손자 손녀가 귀하다고 해도 본인 뱃속에서 나온 자식보다는 덜하다고 하신다. 제풀에 내가 그만둬 버린다. 어느 드라마의 제목처럼 정말로 '하나뿐인 내 편'이시다.

어차피 세상 만물은 흥할 때가 있고 쇠할 때가 있다. 인간도 예외일 리가 없다. 자신의 성취를 위해, 또한 혼자 몸으로 두 자식을 책임져야 하는 엄마의 삶은 고달프고 힘들었다. 그러나 팽팽한 긴장감을 놓지 않으며 두 마리 토끼를 잡기 위해 무진 노력을 해 오신 젊은 날의 엄마.

그 팽팽하던 인생의 정점은 어느덧 쇠퇴해져 바람 빠진 고무풍선이 되었다. 너와 나, 누구도 피할 수 없는 엄혹한 진실 앞에서 아릿한 느낌뿐, 슬픈지 괴로운 일인지조차도 무뎌진다. 순응할 수밖에 없는 현실이다. 그저 내 엄마가 아직도 살아 계심에 감사하고, 내 곁에 있어 주셔서 감사하는 오늘이다.

인간은 위대하다

 며칠 전 고등학교 동창 단톡방에 여러 장의 그림 사진이 올라왔다. 동창 친구가 그림에 관심이 있는지, 가끔가끔 화가들의 그림을 올린다. 이번에는 좀 독특한 그림이다. 이태리 화가 세르지오 세르치의 작품들이다. 그림은 여러 개의 면으로 나누어져 있고, 기하학적으로 나뉜 공간에는 이미지와 패션이 담겨 있다. 그리고 르네상스의 문명이, 이집트의 전설이, 철학의 가치가 환상적으로 묘사되어 있다. 기괴하기까지 한 이 그림을 본 친구 중 하나가 댓글을 달았다. 그대로 옮겨본다.
 '인상파에서 극사실까지…. 인간의 뇌에 무엇이 있는지? 이런 그림을 그려 내는 걸 보니 무섭기까지 합니다.'
 친구의 댓글에 나도 생각한다.
 '그러게. 인간의 뇌엔 무엇이 있을까?'

인생 학교, 아티스트웨이반에서는 매월 네 번째 수요일에 유코디님의 안내로 미술 전시회를 관람한다. 이번 달 5월에는 물방울 화가로 유명한 추상화가 김창열 전시를 필두로 우리나라 추상화를 이끌어 온 김환기, 이성자, 유영국과 윤형근 화백, 총 다섯 분의 작품을 관람했다. 비구상이라는 장르로 그들의 삶과 생명을 통찰하는 세계관은 닮은 듯 다른 듯 맞닿아 있었지만 표현 방식은 다 달랐다. 끊임없이 추구하고 정진해서 독특한 그들만의 세계를 구축한 것이다.

다섯 작가의 작품의 특징을 소개해 본다.

김창열 작가는 물방울 작가라는 이름에 걸맞게 작품마다 방울방울 물방울로 표현되었다. 한 방울부터 많은 물방울까지 표정도 다양한 형태로 삶과 생명을 관조하는 작품들이었다.

김환기 작가의 말년 화풍을 대표하는 전면점화는 무수한 점과 선이 반복되며 무한대의 의미를 갖는 추상공간이 구현되었다. 특히 1970년대부터 작가는 두꺼운 캔버스 대신 순면을 사용하여 수묵과 같은 투명한 질감으로 그만의 독보적인 동양적인 추상화를 개척했다.

이성자 작가는 독창적인 예술 세계를 창출해, 여성과 대지라는 주제로 1960년대 작품세계를 특정지었다. 눈부시게 화려한 색채, 음과 양, 질서와 자유, 부드러움과 견고함. 동양과 서양 등 상반된 개념이 공존한다는 평가를 받는다고 한다.

유영국 작가는 한국 최초의 추상화가이다. 유 화백은 고향 울진의 높은 산과 깊은 바다의 장엄한 아름다움을 형, 색, 면을 사용해 독자적인 작품세계를 구축했다. 강렬한 원색과 기하학적 추상, 절제된 조형 미학이 특징으로 직관적인 자연의 정수를 느끼게 한다.

윤형근 작가는 김환기 화백의 사위로 한국 단색화의 거목으로 불렸다고 한다. 한국 근현대사를 마주하며 상처받은 마음을 하늘을 뜻하는 '청색'과 흙의 빛깔인 '다색'의 안료를 혼합해 만든 깊은 농도를 지닌 어두운 색채를 통해 화폭에 풀어낸 것으로 유명하다.

추상화가로서 대한민국 최고의 금자탑을 쌓은 다섯 분, 그 여정이 얼마나 치열했을까. 그분들의 꺼지지 않는 열정, 치열한 투혼, 각고의 노력을 생각하니 저절로 숙연해진다.

마침 국립현대미술관의 또 다른 전시관에서는 우리나라 1세대 여성 조경가인 정영선 님의 조경 전시도 열리고 있어 우리는 그곳으로 발길을 돌렸다. 청주대 교수를 역임하였고, 우리나라 여성 1호 국토개발사라고 하신다.

조경 전시를 보는 것은 처음이어서 조금은 생소했다. ㅁ자의 국립현대미술관의 중앙 외부공간 화단에 정영선 님의 조경 작품이 펼쳐져 있었다. 제7전시실로 가니 정영선 님의 포토폴리오를 볼 수 있었다. '와! 이렇게 업적이 많으시다니!' 놀라웠다. 조경사라고 하면 남자가 하는 일인 줄로만 알았다. 더구나 여성으로서 우리가 아는 거의 모든 곳의 조경을 하셨다.

예술의전당, 경춘천 숲길, 광화문광장, 탑골공원, 선유도공원, 다산생태공원, 파주출판도시, 양재천, 청계천, 서울식물원, 용산공원, 국립중앙박물관, 인천국제공항, 제주특별자치도 경관 및 관리 계획 등등등, 일일이 열거할 수가 없다.

'나는 생각한다, 고로 존재한다'는 데카르트의 말처럼 만물의 영장인 인간은 생각하는 동물이다. 정영선 님은 사람과 집과 자연을 생각했다고 한다.

'검이불루 화이불치(儉而不陋 華而不侈)', 검소하지만 누추하지 않고 화려하지만 사치하지 않다, 인터뷰 영상에서 하신 말씀이라고 한다. 사진을 보니, 자그마한 체구이시다.

'저 작은 체구로 그 많은 일을 하시다니!'

인간은 자연을 자연 그대로 둘 수 없다. 머리를 짜내고 짜내, 더 아름다움과 편리함을 추구하는 인간. "더 많은 것, 더 자극적인 것, 더 놀라운 것에 미치게 만드는 도파민, 인류의 역사는 곧 도파민의 역사다"라고 주장한 학자들이 있다. '대니얼 Z. 리버만과 마이클 E. 롱'이 공동 집필한 『도파민형 인간』이란 책에 적혀 있다. 더, 더, 더를 외치며 찬란한 예술도 꽃피우고, 발전에 발전을 거듭하며 더 나아가고 있는 인간의 과학과 문명, 끊임없이 추구하고 더 나아가고자 하는 욕구, 그 힘은 어디에 있을까? 인간의 욕망은 어디에서 기인한 걸까? 두 학자가 주장한 것처럼 뇌 속에 있는 도파민이란 물질 때문일까? 인간만이 할 수 있는 것, 우주를 통털어서인지, 아니면 지구상에서인지는 모르겠다. 아무튼 지구상에 존재하는 모든 생물 중 오로지 인간만이 만들어 놓은 이 눈부신 업적을 생각하면 경이롭기까지 하다. 인간 대체물인 AI는 이미 상용 중이고, 인간 배아 제조도 성공했다던가. 과학은 내가 상상하는 것, 그 이상으로 발전돼 가고 있는 모양이다, 인간의 뇌엔 무엇이 있을까? 친구 말처럼 무섭기까지 하다. 어쨌거나 인간은 위대하다.

장밋빛 콩깍지

"베이지색 바지 때문에 내 인생 망쳤다."

자기가 그렇게 넋 나간 짓을 했다며 한 친구가 자조적인 말투로 자신을 비판했다. 한번 큐피트의 화살이 꽂히면, 겉모습보다는 내면을 봐야 된다는 등의 진부한 충고는 먹히질 않는다. 더구나 이십대 초반의 철없는 나이임에랴. 키도 훤칠하게 커서 매끈하게 잘 다려진 줄 선 베이지색 바지와 티셔츠를 입은 모습이 그렇게 멋있어 보이더란다. 그때는 반듯하게 줄선 바지가 유행이었다. 그것이 마음을 흔들어댔다고 한다.

공대를 졸업한 그녀의 남편은 대학 졸업 후 잠시 직장생활을 하다가 사업을 시작했다. 하지만 연속된 사업 실패로 어려움을 많이 겪었다. 가난은 싸움을 부채질한다고 하는 말이 있듯이 자주 다퉜다. 더구나 친정이 부유했는데, 친정집 돈을 많이 없앴다. 그래서 그녀는 입버릇처럼 자주 그런 말을 했다.

친구들 여섯 명이 모였다. 어쩌다 배우자와 어떻게 만나서 결혼하게 됐는가에 대한 대화로 이어졌다. 배우자를 만나서 결혼까지 이르는 것은 각자의 선호도와 가치관에 따라 다를 것이다. 수많은 사람들 중에 한 사람, 한 사람을 골라야 한다. 어떤 사람을 고르냐에 따라 행·불행이 갈린다. 어려운 난제일 수밖에 없다. 다행히 잘 고른 사람은 별 문제 없이 잘 살아가지만, 잘못 고른 사람은 서로가 맞지 않아 할 수 없이 불행하게 살거나 심지어는 헤어지기도 한다. 또래의 친구들끼리도 생김새가 다 다르듯 각자의 취향도 다 다르고 삶도 다르다. 고만고만한 거 같아도 자갈밭의 돌 크기가 조금씩 다 다르듯이.

한 친구는 자기 남편을 대학 때 만났는데, 자기를 사랑해주고 너무 잘해 줘서 자석처럼 그냥 딸려갔다고 했다. 졸업 후 가난한 집안의 장남인데도 불구하고 조건을 따지지 않고 결혼했단다. 부모님이 반대했음에도 불구하고, 결혼 후 재산을 많이 일구고 부부금슬도 좋았고 지금까지도 그렇단다.

또 다른 친구는 자기는 지적 허영이 좀 있어서 공부 잘하는 사람이 좋았단다. 그래서 학벌 좋은 사람하고 결혼했다. 한 친구는 자기는 돈 없는 남자는 무조건 싫었단다. 대화가 잘 되는 남자, 즉 코드가 맞는 남자, 돈은 없어도 실력 있는 남자 등등. 돈, 실력, 명예, 마음, 외모, 정서, 가지각색이다.

나는 친구의 소개였으므로 그 사람의 기본 조건은 처음부터 알고 있었다. 그러나 첫인상이 좋지는 않았다. 내 남편은 젊었을 때 유난히 말랐었다. 너무 말라 내 엄마께서 "그 사람 어디 나쁜 데 있는 것 아니냐? 젊은 사람이 왜 그렇게 말랐어? 건강 진단서 떼어 오라고 해야 되는 것 아냐?" 할 정도였다. 처음 만났을 때 친구 둘까지 데리고 셋이서 나왔다. 아마도 같이 나가서 봐 달라고 부탁했나 보다. 여럿이서 서로 대화하다 보니 자연스럽고 나쁘진 않았다. 남편보다는 오히려 친구들이 더 인상이 좋았다. 하지만 그들의 대화를 듣다 보니 내 남편이 꽤 똑똑해 보였다. 그 당시 회사에 근무하고 있었는데, 회사일에 대한 얘기를 하고 있었다. 능력 있는 남자란 장밋빛 콩깍지가 씌였던 것이다.

"딸아, 잘생긴 건달놈들을 조심해라", 소설가 김훈 작가의 수필 중 딸에게 하는 유언을 그렇게 하면 어떨까 하는 대목이 나온다. 나는 베이지색 바지 때문에 인생 망쳤다는 친구 생각을 하면 그 대목이 환기되어 혼자 빙그레 웃음 지어진다.

사랑은 기본이겠지만, 어떻게 선택했던 간에 고르고 또 고르다 보니 허상일 수도 있고 생각보다 진품일 수도 있을 것이다. 하지만 살다보니 아무리 잘 골라 문제없이 살다가도 하나님이 데려가는 수도 있고 생각지도 않은 변수도 생긴다.

어떻게 고르든 간에 잘 살고 못 사는 것은 결국 다 팔자다로 의견이 모아져 우리는 운명론에 무게를 두고 모두들 고개를 끄덕였다.

있어 보인다

인간은 누구나 인정받고 싶어하는 욕구가 있다. 미국의 심리학자 에이브러햄 매슬로우(Abraham Masliw)는 인간 욕구를 5단계로 설명한다. 생리적 욕구, 안전 욕구, 사회적 욕구(사랑과 소속 욕구), 존중 욕구, 자아실현 욕구, 그중에서 네 번째 단계가 존중의 욕구, 인정받고 싶어하는 욕구이다.

아시아경제의 8월 초 기사에 의하면, 책 안 읽는 MZ는 이젠 옛말, 20~30대를 중심으로 독서 열풍이 일고 있다. 독서 모임, 전시회부터 북카페와 북스테이 등까지 다양한 방식으로 책을 즐기는 이들이 많아지며 '젊은 세대는 책을 읽지 않는다'는 선입견은 옛말이 됐다. 최근에는 이미지가 아닌, 활자 텍스트를 소비하는 것이 멋있고 개성 있다는 의미의 '텍스트 힙(Text Hip)'이라는 신조어가 등장하기도 했다는 것이다.

요즘 MBC에서는 S앵커가 사회를 보는 〈질문들〉이란 프로가 있다. 며칠 전 시청했던 프로에는 '20~30대의 책읽기 열풍'이란 위와 같은 주제로 토론이 열렸다. H소설가와 요즘 작사가로 핫한 젊은 여성 작가 K가 특별 게스트로 나왔다.

토론 중, MC인 S앵커가 방청객 중의 한 명인 젊은 남성에게 묻는다.

"20~30대의 책읽기 열풍, 원인이 무엇이라고 생각하십니까?"

"음, 있어 보이기도 하고…."

다시 MC가 묻는다.

"있어 보이는 게, 그렇게 중요합니까?"

그러면서 이번에는 MC가 게스트인 H소설가에게 묻는다.

"어떻게 생각하십니까?"

"좋아요. 독서는 그렇게 시작하는 거예요."

다시 K작가에게 묻는다.

"인간이라면 누구나 있는 자연스런 감정이라고 생각해요."

두 작가들의 대답은 인간의 인정받고 싶은 욕구, 있어 보이고 싶어하는 욕구는 허세일 수 있지만 자연스런 감정이라는 것이다. 사회자도 공감한다고 했다. 사회자의 말처럼 나도 공감했다.

'있어 보인다', 요즘 자주 들리는 말이다. 그래서 '있어 보인다'를 네이버에 검색해 봤다. '있어 보인다'는, 표현과 능력이라는 뜻을 가진 영단어, 'ability'를 합쳐 만든 신조어로 실상은 별 거 없지만 뭔가 있어 보이게 자신을 잘 포장하는 능력을 뜻한다고 되어 있다.

또 젊은이들의 책읽기 열풍은 한류의 주역들, 뉴진스나 BTS 멤버들 중 책을 읽고 있는 영상, 특히 고전을 읽고 있는 모습이 멋있어 보여서 라는 영향도 많이 받는다고 한다.

인정받고 싶어하는 욕구는 약간의 허세로도 작용하겠지만, 자랑으로도 이어진다. 유트브에서 봤는데, 여자들이 만나서 하지 말아야 할 것이 세 가지가 있다. 첫 번째는 자식 자랑, 두 번째는 남편 자랑, 세 번째는 돈 자랑이다.

특히 시니어들은 거기에 한술 더 떠서 손자손녀 자랑까지 추가한다. 오죽하면 '손주 자랑하려면 돈 내고 하라'는 우스갯말까지 있으랴!

살면서 실수하지 않고 완벽하게 사는 사람은 없으니, 약간의 자랑은 애교로 봐 주기도 한다. 상식 있는 사람이라면 일부러 지어내서 거짓말로 자랑이야 하지 않을 테니. 좋아서 그러나보다 너그럽게 보아 넘기기도 한다. 하지만 수위 조절이 안 된 자랑에는 피로감을 느낀다.

더욱 꺼름칙한 것은 분위기에 휩쓸린다고나 할까? 나도 모르게 나도 합세를 한다는 것이다. 유치하고 저급스럽게도 밑바닥 존재감을 드러내려는 얕은 수작을 나도 한다. K작가 말처럼 인정받고 싶어하는 인간의 자연스런 욕구인지, 지기 싫어하는 무의식의 발로인지 집에 와서 생각하면 나도 어쩔 수 없는 속물임을 자인하게 된다. 때때로 '쓸데 없는 말을 했구나' 후회도 하지만 한 번 나간 말은 주워 담을 수도 없다. 자랑거리도 아닌 것을 자랑삼는 나의 얄팍함에 반성도 하지만 또 그런 실수를 절대 안 한다는 약속도 할 수 없다. 실수하면서 사는 게 인간이던가.

인간은 존재하는 한 생각한다. 생각하는 동물이기 때문에 밥만 먹고 살 수는 없다. 더 고차원적인 것을 욕망한다. 인간은 기본적으로 욕심쟁이며 끝없는 탐욕 속에 살아간다. 더 좋은 걸 추구하고 소비해야 되는 특성을 지니고 있다고 한다.

MZ세대들의 책읽기 시발점이 비록 있어 보이고 싶어하는 포장이나 허세, 자랑이든 어쨌든 간에 요즘 일고 있는 독서 열풍에는 박수를 보내고 싶다. 그렇게 시작하더라도 꾸준히 하다 보면, 습관이 되고 자체 정화도 될 것으로 믿는다.

번데기 날개를 달다

'산천은 의구(依舊)한데, 인걸(人傑)은 간데없네.'

고려말의 성리학자 야은 길재의 시조의 한 구절이다. 옛 사람들은 산천은 변하지 않는다고 생각했던 모양이지만, 산천도 변한다. 다만 옛날에는 그 속도가 천천히 변했기 때문에 느끼질 못했던 것 같다.

여기에 시인은 '산천 의구란 말 옛 시인의 허사로고'란 시를 지었다. 우리에게 잘 알려진 이은상 작사, 홍난파 작곡의 〈옛 동산에 올라〉란 가곡의 한 구절이다. 본인이 놀던 옛 동산에 올라가 보니 그 자리에 섰던 그 큰 소나무는 버혀(베어)지고 없다는, 산천도 의구하지 않다는 뜻의 노래다. 지금은 산천도 지진이나 자연재해 때문에 변하기도 하지만, 특히 우리 시대는 개발 붐이 일어 옛날에 비하면, 더 빠르게 변하는 것 같다. 더 편리하고 멋진 생활을 추구하는 사람들의 욕구에 발맞추어 참 멋진 세상에서 우리는 살고 있다. 특히 우리나라의 발전 속도는 세계가 다 놀라고 있다고 한다.

뚝섬과 성수동 일대는 참 많이도 바뀌어 있었다. 친구들 모임이 있어 지하철 뚝섬역에서 내려 서울숲 방향으로 갔다. 요즈음 성수동 일대가 '핫 플레이스'여서 먹거리나 볼거리가 많아 가끔 친구들과 거기서 모임을 하곤 한다. 역에서 내려 걸어서 쭉 지나가다가 본 '경동초등학교'라는 작은, 나무 안내판이 생각났다. 처음 발견했을 때는 '와! 경동초등학교가 아직까지도 있네' 하고 놀랍기도 하고 신기하기도 했다. 뚝섬의 경동초등학교는 내가 일학년부터 사학년 중반까지 다녔던 학교이다.

그 가난한 빈민촌이 번데기 허물을 벗듯, 거리는 정비되었다. 이렇게 화려하게 변신을 하다니! 십 년이면 강산도 변한다는데, 십 년이 몇 바퀴나 돌았으니, 그럴수밖에.

전쟁은 모든 것을 파괴하고, 우리 가족의 삶도 내동댕이쳐졌다. 전쟁 전의 엄마는 초등학교 교사, 아버지는 육군 소령이었으나, 아버지는 재산 하나도 없이 이북 함흥에서 내려온 실향민이었다. 엄마는 아버지의 그 당시 전도유망한 직업과 믿음직한 인품에 결혼을 결심했다고 한다. 그러나 전쟁통에 아버지는 행방불명이 되고 말았다. 모든 생활이 무너져내렸다.

전쟁이 끝나고 차츰 안정이 되어 가자, 재산 한푼 없이 친할머니, 나와 남동생을 책임져야 했던 젊은 엄마와 우리 가족이 정착한 곳은 바로 뚝섬이었다. 뚝섬은 가난한 사람들이 주를 이루며 살고 있었다. 내가 초등학교도 들어가기 전, 그 당시 뚝섬 강가에서는 빨래를 했었다. 엄마는 직장에 돈벌러 나가고 할머니가 집안 살림을 하셨나 보다. 학교가 끝난 후, 커다란 함지박에 가득한 빨랫감을 머리에 인 할머니를 나와 남동생은 쫄래쫄래 뚝섬 강으로 쫓아다녔다. 할머니가 빨래를 하는 동안 나와 내 동생은 모래사장에서 놀았다.

우리가 있는 곳에서 멀리 보이는 곳에는 우거진 숲이 있었다. 그때는 강 너머 울창한 숲 사이로 멀리 절이 보였다. 지금의 봉원사이다. 우리가 놀던 모래사장에서 멀리 보이던 곳도 진초록의 숲으로 덮여 있었다. 할머니는 우리에게 그쪽으로 가지 말라고 늘 주의를 주셨다. 특히 남동생에게 더 강조하셨다. 거기 가면 문둥이들이 남자아이들 '꼬추' 따 간다고 그쪽으로 가지 말라고 했다. 전쟁 직후엔 걸인들과, 나병환자들이 빽빽이 우거진 숲에 숨어 있다고 했다. 혹시라도 위험한 일이 생길까 봐 그랬었나 보다. 지금의 성수동이나 자양동 쪽이 아니었나 싶다. 정확하진 않다.

어느 날인가부터 뚝섬 강의 모습이 달라졌다. 유원지가 조성되고 사람들이 수영하러 몰려들었다. 여름이 한창일 때, 주말이면 유원지에 수영을 하려고 가족이나 친지와 함께 사람들이 빽빽히 몰려 왔다. 작열하는 태양은 뜨거운 기운을 뿜어내고 포장 안 된 대로를 마른 먼지 풀풀 날리며 콩나물시루처럼 많은 사람을 태운

버스가 사람들을 유원지에 연신 쏟아 내었다.

 집 앞에 나와서 달리는 버스를 보고 있을 때면 나도 수영하러 가고 싶었다. 한창 멋부리고 싶을 20대 후반의 젊은 여자였던 엄마도 변변한 옷이 있을 리 없었다. 우리들의 차림새도 마찬가지였다. 수영하러 가고 싶은데 수영복이 없었다. 그러나 엄마한테 수영복을 사달라고 조를 순 없었다. 나는 소극적이고 말이 없는 아이였다. 특별히 착한 건 아니었지만 순한 아이였다. 뭘 사달라고 엄마한테 졸라본 일이 없었다. 어린 마음에도 고생하는 엄마를 배려하지 않았나 싶다.

 그렇게 뚝섬에서의 내 초라한 어린 시절은 끝이 나고 사학년 중반에 서울 중심지, 을지로 입구에 있었던 지금은 없어진 청계초등학교로 전학했다. 집안 형편이 조금 나아졌나 보다.

 뚝섬과 성수동 일대는 놀라운 변신을 했다. 지금은 평일이나 주말 할 것 없이 MZ세대들이 거리를 가득 채우고 우리의 눈을 홀리는 각종 화려한 옷가게와 카페, 식당들이 즐비하다.

 성수동에서 유명하다는 식당에서 식사를 마친 후에 우리는 서울숲을 산책했다. 6월 초의 날씨 좋은 주말이어서 공원에는 사람들이 그득했다. 푸른 하늘과 싱그러운 초록색 나무들, 다양한 색채의 향기로운 꽃들과 사람들이 하나 되어 광대한 집단을 이루고 있었다. 돗자리를 깔아 놓고 삼삼오오 둘러앉아 담소를 나누기도 하고, 깔깔거리며 웃는 사람들, 가족끼리, 연인끼리 즐거움을 선사하는 휴식과 여유의 공간이 되었다.

  때마침 서울숲 가족마당에서는 '꿈의 향연'이라는 성동구립 오케스트라 단원들의 리허설이 열리고 있었다. 우리는 마당 한가운데 놓여 있는 의자에 앉아 숲속 오케스트라의 꿈결 같은 음악을 들었다. 서울숲은 다양한 문화 공간과 새들의 노래와 바람소리, 사슴농장 등 도심 속에서 문화와 여유를 즐길 수 있는 공간으로 탈바꿈했다.

  감미로운 음악을 뒤로하고 우리는 서울숲을 나와 다시 지하철을 타고 자양역으로 갔다. 자양역 부근에는 한강물을 이용한 인공 수영장이 있었다. 수영장에서는 수영대회가 열리고 있었고, 역 부근 시민공원에서는 각국의 정원박람회도 열리고 있었디. 북적거리는 사람들 틈에서 나는 언뜻언뜻 내 어린 시절의 빛바랜 추억을 떠올리기도 했다.

  뚝섬과 성수동 일대는 변신에 변신을 거듭했다. 가난한 빈민촌이었던 곳이 지금은 연예인들이 선호하는 주상복합이나 아파트가 세워진 비싼 땅이 되었다. 한때는 구두 공장이 많이 있었다고 한다. 지저분했던 곳에서 깨끗이 정비된 문화의 거리가 되었다. 무분별했던 숲과 강이 새로 태어났다.

  나 또한 변신했다. 말이 없는 아이에서 수다쟁이 할머니가 되었고, 수영복이 없던 아이에서 너무나 많은 옷이 옷방에 가득하다. 외톨이였던 어린 소녀가 그룹 총수는 못 되었지만, 아들·

딸·사위·며느리·손자·손녀를 거느린 집안의 총수가 되었다. 산천도 변신했고 사람도 변신했다. 마치 번데기가 허물을 벗고, 날개를 달아 날아가듯이.

2부

별, 내가 그런 걸 왜 봐야 하는데?

 예나 지금이나 북쪽 밤하늘에 어느 별보다도 반짝반짝 선명하게 빛나는 북두칠성. 어릴 적 시골집에서 밤에 동네 친구들과 평상 위에 앉거나 누워서 과학 시간에 배웠던 북두칠성을 서로, 가리키며 놀았던 생각이 난다. 고개를 바짝 쳐들고 외친다.
 "저기 있다, 저기 있다!"
 "하아나, 두울, 세엣, 네엣, 다아섯, 여어섯… 이일곱!"
 일곱, 할 때는 의기양양하게 더 큰 소리로 외친다. 평상 위에서 재잘재잘 시간 가는 줄도 모르고 밤이 이슥해지도록 밤하늘을 가득 메운 별들을 헤아리던 때, 엄마들한테 혼이 난 적도 있다. 애들이 집에 들어오길 기다리다 못한 엄마들에게 찰싹, 등짝을 맞고 나서야 헤어졌던 생각.
 아련한 그때의 그 추억, 오늘따라 정겨웠던 그 장면이 떠오르고 저절로 흐뭇한 미소가 지어진다.

그때가 언제였던가. 이제는 모두 다 각자의 인생길로 흩어져 소식도 모르지만 보고 싶고 그리워진다. 또 하나는 학창 시절 여름, 남녀 친구들 여럿이서 바닷가 해수욕장으로 물놀이 여행 갔던 일. 밤하늘 한가운데를 가로질러 흐르는 은빛 찬란한 은하수와 강물 같은 별들의 행진을 보며 공연히 마음 설렜던 일. 그리고 별만큼 많았던 우리들의 끝없는 이야기들.

밤이 깊어지고, 어두워질수록 별들은 더욱 영롱해지고…. 그 별들에 내 영혼이 깊이 빠져 있을 때쯤, 저 별들이 쏟아져 내리면 어쩌나 문득 겁이 났던 일.

우리는 빛나는 별들 중에 국자 모양으로 흩어져 유독 밝은 빛을 뿜으며 그 모습을 뽐냈던 북두칠성 찾기 놀이도 했었는데…. 그리고 북극성까지. 북두칠성은 북극성을 중심으로 공전하는 별 중의 별이므로.

그 순진했던 별들과의 눈맞춤 시간도 어느덧 지나가 버리고. 그때의 그 친구들도 추억만 별에 심어 놓고 지금의 나처럼 늙어 가는 친구들도 있고 하나둘 별이 되어 이 지구촌을 떠나 버린 친구들도 있다.

"명재야, 너 북두칠성 알아?"
아파트 베란다 문을 열어 밤하늘을 올려다보며 손자에게 물어본다.

"네, 알아요. 북쪽 하늘에 있는 국자 모양의 별이잖아요?"

"그렇구나, 그럼 봤어?"

"아니, 직접 본 적은 없구요. 과학책에서 봤어요. 그리고 만화에도 가끔 나와요."

지금 중학교 3학년인 손자의 대답이다.

초등학교 6학년인 손녀에게도 물어본다.

"연재야, 너 북두칠성 아니?"

"응, 알아. 학교에서 배웠어. 왜 물어보는 거야?"

"본 적이 있어?"

"본 적이 있느냐고? 내가 그런 걸 왜 봐야 되는데?"

"할머니 어렸을 때는 별 하나, 나 하나 헤아리면서 별 보고 놀기도 하고 그랬거든."

"으응, 그래? 내 친구들은 그런 거 관심 없어 해."

학교에서 배워서 알고 있을 뿐 별로 관심이 없다는 손녀….

시대가 달라서인가, 세대가 달라서인가. 별들은 예나 지금이나 한결같이 그 자리에 붙박혀 반짝이며 빛나고 있건만, 이제는 책에서만 볼 수 있게 된 북두칠성. 정서가 많이 달라졌다.

"내가 그런 걸 왜 봐야 되는데?"

"그걸 왜 알아야 하는데?"

"그거 알면 돈이 생겨? 뭐가 생겨?"

옛적 별 보며 자란 우리 세대들이 흙 묻히며 자란 시골의 촌스런 아이들이었다면 요즘의 아이들은 거의 시멘트로 쌓아 올린 도시화된 아이들. 풋풋한 풀잎 같은 감성이 결여된 아이들, 빌딩 숲에서 싱그러운 자연과 호흡을 하지 못하고 시간에 쫓기며 자란 아이들이어서일까? 온기가 없는 삭막한 가슴을 가진 지금의 아이들인 것 같아 안타까운 생각마저 든다.

 밤 10시, 집으로 가기 위해서 지하철을 타러 간다. 다리 위를 터벅터벅 걸어간다. 밤하늘을 올려다본다. 쏟아지듯 환하게 반짝이던 옛날의 그 수많은 별들은 다 어디로 숨었을까? 서울의 밤하늘, 서울에 사는 사람들은 별을 본 적이 있을까? 가끔씩이라도. 요즘 어쩌다 하늘을 쳐다보지만, 도심에서는 북두칠성은 물론이러니와 어떤 별도 보이지 않는다. 볼 수가 없다. 가끔은 유달리 큰 별을 볼 때도 있지만 그것은 인공위성일 뿐, 별을 만난 기쁨보다 씁쓰레한 기분일 뿐이다.
 하지만 시골, 공기가 맑은 산골에서는 여전히 반짝이는 별들의 무리가 저희끼리 소곤대고 있겠지…. 문명의 발달로 인한 지구 환경의 오염과 온난화 현상, 또한 미세먼지와 스모그 현상으로 하늘은 닫힌 지 이미 오래인데, 그에 따라서 우리 인간의 마음도 닫혀 있는 것은 아닐까?
 북두칠성은 7개의 별을 총칭하는 말로 그 모양이 국자 모양과 유사하며, 밝기가 밝아서 예로부터 여행자와 항해자들의 길잡이가 되었다고 한다. 북반구의 대표적 별자리로 북극성에 가까이 위치하고 있기 때문에, 예전에는 공기가 맑은 지역에서는 쉽사리 별자리를 찾았다고 한다.

북극성은 한국과 중국에서는 인간의 수명을 관장하는 별자리로 여겼다고도 한다. 태곳적부터 우리 민족은 할머니나 어머니들이 목욕재계하고 깨끗한 옷으로 갈아입고, 뒤곁 장독대 앞에 깨끗한 그릇에 정화수를 떠서 상 위에 올려놓고 과거 보러 간 남편의 과거 급제나, 장사하러 간 등짐장수 남편의 무사귀가를 북두칠성에게 간절히 빌었다고 한다. 또한 칠성님과 삼신할머니에게 자식을 점지해 주시길 빌었다고 한다.

요즈음은 별을 보기가 어렵고 과학의 발달로 망원경으로 별자리를 관찰하는 과학도나 학생들만이 볼 수 있다. 북두칠성에 관한 옛 정서는 간 곳이 없다. 그렇게 생각하면 과학의 발달도 좋지만, 순수하고 아름다웠던 옛 정서가 아쉬워진다. 과학의 발달로 인류가 편리하게 사는 것도 행복하지만, 옛날의 자연 그대로의 오염되지 않은 깨끗한 환경이 더 좋지 않았나 하는 생각도 해본다.

산업화로 인한 공장들의 유해물질, 내뿜는 각종 매연으로 우리 지구가 스스로 죽어 가고 있는 것이 아닌가? 때묻지 않은 청정함을 지키고 있는 북두칠성은 여전히 거기 있음에도 말이다.

이미 편리함에 익숙해져 버린 현대인들이 우리가 느끼지는 못하지만 어쩌면 더 불행한 것은 아닐까 하는 생각도 해본다. 자연 밖으로 내팽개쳐진 불쌍한 우리. 그 옛날의 순수하고 순박한 정서가 새삼 더 그리워지는 오늘 밤이기도 하다.

  지금쯤 북두칠성은 인간의 눈에서 벗어나 저희끼리 외롭게 흐르고 있지나 않을까. 이번 주말에는 오랜만에 손자손녀 손 붙잡고 도시 밖으로 나가 기필코 저 먼 듯 가까운 듯 흐르는 북두칠성의 빛에 눈맞춤이라도 해야겠다.

바보들

 뒤에서 팔을 둘러 앞에 앉은 손자손녀 둘을 그득히 앞가슴에 품고 흐뭇한 미소를 띤 할머니의 사진이 단톡방에 올라왔다. 세상을 다 가진 사람처럼 행복해 보인다. 내 친구의 생일날 자기 가족들과 찍은 사진 중 하나이다.

 조금 있다, 드레스를 입고 성장을 한 앙증맞은 꼬마 공주의 사진이 올라왔다. 이번엔 다른 친구가 자기 손녀의 사진을 올린 것이다. 어딘가에서 보고 있을 할머니의 애정 어린 눈빛이 보이는 듯하다.

 뒤질세라, 이번엔 여리여리 가녀린 예쁘장한 여자아이 사진이 올라왔다. 유치원에서 친구들과 있는 여러 장의 사진. 또 다른 친구의 손녀다.

 '아니, 얘네들 뭐 하는 거야? 자기네만 손자손녀가 있나? 웬 자랑질인가. 요즘 우스갯말로 손주 자랑하려면 돈 내고 하라는

말도 있다는데.'

모이기만 하면 할머니들의 손주 자랑이 빠지지 않으니 그런 말이 생길 만도 하다. 눈치 없이 너무 지나치게 손주 사진 올리는 것도 때로는 밉상이다.

"너희들도 손주 사진 올려."

이 틈에 이번엔 세 살 난 여자아기 사진이 올라왔다. 속내복만 입었는데, 기저귀를 차고 있어 내복 바지가 축 늘어져 있고 한쪽 바지가랑이는 반쯤 올라가 있다. 그럼에도 아랑곳없이 음악에 맞춰 신나게 몸을 흔들며 춤을 추는 동영상이다. 보이지 않는 아이 엄마와 할머니의 하하 호호, 웃음소리가 들린다. 기저귀가 축 늘어진 걸 보아 십중팔구 오줌을 쌌을 것 같다. 축축했을 텐데, 어린 영혼이 귀엽고 신기하다. 누가 가르쳐주지도 않았는데, 음악만 나오면 흔든단다. 원래 인간의 몸속에는 숨겨진 리듬감이 있다고 하지 않았던가. 신들린 듯한 몸짓이 신기하기만 하다. 이쯤 되니 웃을 수밖에. 너도 할머니 나도 할머니, 이심전심 아니겠는가?

연둣빛 어린 나뭇잎처럼 싱그런 모습으로, 매력덩어리로 우리들에게 짠! 하고 나타난 존재들. 억만년 억겁의 세월, 끝도 없는 광활한 우주에서 먼지보다 더 작은 존재로 기적처럼 만난 우리. 지상 최대의 사랑, 너와 나는 무슨 특별한 인연이길래, 할머니와 손자손녀로 이토록 애틋할까?

새삼 DNA를 나눈 신비한, 힘의 위대함을 깨닫는다. 사랑은 뇌의 착각이라고 했던 어느 뇌과학자의 말이 생각난다. 부부의 사랑도 이제 무덤덤할 때이다. 갈 만큼 가, 소 닭 보듯(?) 할 때가 아닌가. 신이 우리에게 선물로 맛있는 양념 같은 새로운 사랑을 주신 거다. 삭막한 세상에서 달콤한 꿀 같은 세상으로, 물기가 말라버린 건조한 육신에 새 활력을 불어넣어 다시 재미있게 살라는 신의 특별한 은혜인가.

  어느새 할머니들은 사랑이란 이름으로 파놓은 엄청난 블랙홀로 빨려 들어가듯이 어린 DNA 앞에 손, 발 다 들고 무력해졌다. 오죽하면 바보라고 했을까? 언제부턴가 무조건적인 지극한 사랑에 대해서 단어 끝에 바보라는 말이 붙었다. 딸바보, 손주바보.
  할아버지들의 손주 사랑도 할머니 못지않다. 동창 남자 친구들 얘기를 들어보면, 아주 이뻐 죽겠단다. 말하기 전에 벌써 입가에 함박웃음부터 띤다. 헤벌쭉 벌어진 조개처럼 입꼬리가 올라간다. 내가 준 만큼 되돌려 받을 수 없다는 계산도 못하는 헛똑똑이들. 바보들 맞는 것 같다.
  마침 텔레비전 토크 프로에서도 유명인들의 손주 홀릭에 대해 이야기하고 있다. 그들이라고 다르겠는가? 그들도 영락없이 무조건적인 손주바보들이다. 전국에 있는 할머니 할아버지들, 새로운 사랑에 빠진 바보들.
  딸 부부가 맞벌이를 해서 딸집 가까이 사는 내가 왔다 갔다 하며 딸네 집 살림을 보살펴 주고 있다. 어느 날 손녀가 "할머니, 나 야탑 근처에 있는 빌라 좀 데려다 줘." 한다. 걸어가기엔 너무 먼 거리여서 차로 데려다 달란 소리다.

 요즘 초등학교 육학년짜리 손녀가 이골난 장사치처럼 장사를 한다. 누가 가르쳐 준 것도 아니다. 제가 스스로 카톡을 통해 배운 것이다. 물건을 구매자한테 직접 가져다주기도 하고 택배로 부치기도 한다. 어디서 배웠는지 수완이 보통이 아니다. 또래의 친구들이 좋아할 만한 캐릭터 상품을 사서, 사고 싶어 하는 친구들에게 값을 조금 올려 되돌려 팔기도 한다.

 또 제 엄마 아빠랑 해외여행 갔을 때 사 왔던 특이한 기념품 등을 인터넷에 올려 홍보를 해서, 사겠다는 사람한테 돈을 받고 택배로 부쳐준다. 나중에 가만히 들여다보니, 그 물건의 특징을 살려 적절하게 홍보하는 글도 꽤 잘 썼다. 도매점에서 싼값으로 예쁜 포장지를 사서 받는 사람이 기분 좋게 받을 수 있게끔 제법 예쁘게 포장도 해서 보낸다. 거기다 덤으로 감사의 말과 함께 센스 있는 간단한 보너스 선물도 잊지 않는다. 머리 쓰는 것이 제 어미나 할미보다 더 나은 것 같아 속으로 놀랍기도 하고 슬그머니 웃음도 나온다. 공부를 소홀히 하면 어쩌나 걱정도 했지만 시간 되면 책상에 앉아 숙제도 하고 공부도 한다.

 그렇게 해서 번 돈으로 자기로서는 엄청 큰돈이 되는 태블릿 PC를 할머니인 나에게 사줬다. 사주면서 할머니 글 열심히 쓰라고 격려까지 했다. 지금 쓰고 있는 모든 글을 그걸로 쓴다. 노트북보다 무겁지 않아 가지고 다니기가 좋고 아무데서나 철퍼덕 앉아서도 칠 수 있으니 글쓰기가 편리하다. 손녀의 재치있고 신통한 행동에 감동이었다. 기특해서 친구들 카톡방에 돈을 내고 자랑하라면, 돈을 내고라도 자랑하고픈 심정이다.

  하지만 중학교에 들어가더니 공부하느라 나름 스트레스를 받는지 까칠해졌다. 식구들하고 대화를 회피하고 핸드폰만 한다. 또래의 친구들이 더 좋아지는 나이인가 보다. 손녀 방, 문을 열기만 해도 뿔난 송아지가 느닷없이 들이받는 것처럼 신경질적으로 나가라고 버럭 소릴 지른다. 가끔 당황스러워 순간 화가 나기도 하지만 그 무섭다는 '중2'가 가까워오니 그런가 보다 하고 그냥 이해하고 넘어간다. 제 아빠가 버릇없다고 사정없이 야단치기라도 하면 어린 것이 안쓰러워 내가 더 속상하다.

  뭘 해도 밉지 않고 존재 자체만으로도 이쁘기만 하니 나 또한 손녀 사랑에 푹 빠진 영락없는 바보, 바보 아닌가. 어느 누가 내게 바보라고 손가락질한다 해도 괜찮다, 아무렴! 괜찮말고.

불청객

　친구들이 모임을 명동의 예술극장 근처 식당에서 하잔다. 나는 오랜만에 첫 데이트를 하는 소녀처럼 설레는 마음으로 명동으로 향했다. 가서 보니, 예술극장 건물은 그대로 있었다. 나올 때마다 느끼는 것이지만 도심은 크게 변하지 않는 것 같다. 하지만 오히려 외곽은 더 빠르게 변해 가는 것을 볼 수 있다. 신도시가 생겨서 옛 풍경이 확 바뀌어 버리기도 한다.
　내 십대에서 이십대 초반의 반짝반짝 빛나던 젊음이 떠오른다. 그때는 명칭이 '명동예술극장'이 아니라 '국립극장'이었다. 한때 '시공관'이란 이름으로 불려지기도 했는데, 1935년 일본인에 의하여 세워진 영화관으로 그 명칭이 몇 번 바뀌다가 지금의 명동예술극장으로 불리게 됐다. 그때 '국립극장' 맞은편 건물 2층에 양식 레스토랑이 있었다.
　철없던 시절, 노래를 가수 못지않게 잘하는, 피아노를 전공한 친구가 있었다. 피아노를 치며 호소력 짙은 매력적인 목소리로 노래를 부르면 그렇게 멋있을 수가 없었다. 어느 가수 못지 않은 실력이었다.

팝송을 잘 부르기도 했지만 그때 풋풋한 대학생이었으니 한창 예쁠 때이기도 했다. 그 레스토랑 주인 부탁으로 그 친구가 가끔 가서 피아노를 치며 노래를 불러 줬다. 노래가 끝나면 손님들이 우뢰와 같은 박수를 쳐 주었다. 우리는 마치 자신이 한 것처럼 덩달아 신이 났다. 우리는 영화 〈써니〉의 주인공들처럼 몰려 다녔.

그 친구 덕분에 용돈이 궁한 학생들이 공짜로 분위기 있는 고급 와인에 맛있는 양식까지 대접받고 나면, 괜시리 우쭐해지기도 했다. 노래를 잘하다 보니 유명한 작곡가와 가수도 그 친구에게 가수가 되기를 권유했다. 그 친구도 고무되어 가수가 되고 싶어 했다.

대입시를 몇 달 앞둔 대학 가기 전 고3의 어느 날, 우리 멤버들은 학교가 끝난 후 빵집에서 모였다. 그동안 입시 공부로 인하여 자주 만나지도 못했고 오랜만에 만난 반가움에 시간 가는 줄도 모르고 놀았다. 어느새 밤이 늦어 있었다.

"큰일 났네. 아버지한테 혼나겠다."

갑자기 그 친구가 자기 집에 가서 자자고 졸랐다. 다른 친구한테 조르다 안되니까, 나를 더 붙잡고 늘어졌다. 혼자 가는 것보다는 친구를 데리고 가면 아버지가 야단을 치지 못하시겠지 하는 계산이었다.

그때나 지금이나 나는 마음이 독하질 못하나 보다. 거절을 잘 하지 못한다. 나는 망설이다 그 친구가 간곡하게 졸라대는 바람에 엄마한테 전화해서 억지로 허락을 받아냈다. 우리는 서둘러 친구네 집으로 향했다. 문을 열고 들어서려는 순간 그 친구 아버지가 문 앞에 떡 버티고 서 계셨다.

"너희들 뭣 하는 녀석들이냐?"

정신이 번쩍 들게 불호령이 떨어졌다. 내가 한 발자국 뗄 새도 없이 나에게, "너는 또 누구냐? 뭣 하는 애냐?" 하고 닦아세우는데 아무 말도 못하고 움찔, 고양이 앞에 쥐처럼 숨만 죽이고 있었다. 워낙 그 친구 아버지가 꼿꼿하고 단호하셨다. 당시 군의관이었는데 원래 성품이셨는지, 군대 영향을 받았는지 엄하고 무서우셨다. 친구는 어쩔 줄 모르고 아버지한테 변명하려다 아버지 기세에 눌려 한쪽에서 벌벌 떨고 있었다.

그날 밤 겨우 막차를 타고 허겁지겁 집에 도착해서 얼마나 울었는지! 집에 도착하니 긴장이 풀려 참았던 눈물이 봇물 터지듯 터져버렸다. 어린 마음에도 집 안에 들어도 못 가고 면전에서 바로 쫓겨난 게 너무 큰 충격이었다. 모욕적이어서 내 존재가 스스로 창피스러웠다.

고래 싸움에 새우 등 터진다고, 부녀간의 갈등이 나한테 불똥

이 튀었던 것이다. 대입시를 앞두고 가수 한다, 친구들 만나 논다, 정신이 팔려 있는 딸 때문에 얼마나 노심초사했으면 그러셨을까?

이제 나도 자식도 키워 보고 손자 손녀도 키워 보니 그때의 그 아버지의 심정이 이해가 간다. 그 친구는 음대로 진학해서도 한동안 가수의 꿈을 꾸었지만 결국 아버지의 반대로 꿈을 접고 지금은 행복한 할머니가 되어 있다.

지금까지도 그 친구와 연락하며 가끔 만나고 있다. 만나면, 그때 그 얘기 하면서 "너희 아버지 엄청 무서우셨어. 멋모르고 너희 집 갔다가 나 된통 당했잖아." 하면서 낄낄거리며 웃곤 한다.

그러나 애석하게도 그때 우리 친구들 멤버 중에는 유명을 달리한 친구도 있고 소식이 끊겨 기억 속에서만 존재하는 친구들도 있다. 모두들 각자의 삶 속으로 사라져 버렸다. 무심한 세월이 우리의 우정도 갈라놓은 것인가.

즐거웠던 일도 마음 상했던 일도 다 세월 속에 묻혀 희미해졌지만, 세상 물정 모르고 철없던 시절 잊혀지지 않는 한 토막 에피소드이다.

어쩌다 명동예술극장 근처에 가게 되면 국립극장이었던 시절, 몇십 년 전 우리들의 모습이 과거로의 시간여행을 간 것처럼 생생하게 되살아난다. 연상작용으로, 불청객으로 친구 아버지한테 혼나서 허겁지겁 막차 버스를 타고 쫓겨 집으로 와야만 했던 사연과 함께. 풋풋했던 '눈물 젖은 국립극장'의 한 막장 풍경이 아직도 그 거리에 남아 있어 이제는 맛있는 양념 같은 추억거리가 있어 오히려 좋다. 꿈많고 철없던 소녀시대의 역사가 모락모락 피어난다.

내 가슴에 달린 가을 곶감

'웬일이지?'

어제 카톡에 그의 부고가 올라왔다. 깜짝 놀랐다.

'아니, 건강했었는데, 병이 있었나? 아직 떠날 나이는 아닌데….'

남동생한테 전화를 걸었다. 동생도 놀라서 어리둥절해 했다. 왜 갑자기 그렇게 됐는지, 나중에 동생한테서 연락이 왔는데 자다가 갑자기 그렇게 됐단다. 깨어나질 못했다고 한다. 심장마비였나?

그는 나의 먼 친척이다. 말하자면 나의 칠촌 조카뻘이다. 그를 처음 본 건 고등학교 때 고모 댁에서였다. 나보다 6살 위였다. 친척들이 그에 대해 수군거렸다. 그의 아버지가 새아버지였는데, 어머니가 돌아가시자 어머니 재산을 다 차지하고 두 아들을 버렸다는 것이다. 친아버지가 이북에서 돌아가셔서, '그'의 어머니가 두 아들을 데리고 남쪽으로 넘어왔단다.

그 당시 6·25 직후에 동대문시장 상권을 이북 사람들이 많이 차지했다고 한다. 거기서 억척같이 장사를 해서 많은 돈을 벌었다. 그리고 재혼을 했다. 재혼한 새아버지는 두 아들한테 그렇게 잘하더란다. 그의 어머니는 새아버지를 믿고서 모든 재산을 다 맡겼다고 한다.

한동안의 행복, 그런데 어머니가 안타깝게도 젊은 나이에 어린 두 아들을 남겨두고 병들어 죽었다. 어린 두 형제를 두고 간 것이 너무도 측은해서 친척들이 모두 눈물을 흘렸다.

"쯧쯧, 에미 죽고 나서 저렇게 두 아들만 남았어. 에구, 나쁜 놈."

나쁜 놈은 그들의 새아버지를 말하는 것이었다. 친척들이 그들 형제를 볼 때마다 뒤에서 입버릇처럼 했던 말이다. 그 얘기를 들으면서부터 나는 그를 보면 항상 뭔지 모를 연민의 정 같은 것이 싹텄나 보다. 아버지 없는 동질감 같은 것일 수도 있고. 어려운 환경 속에서도 열심히 공부해서 한국에서 제일 어렵다는 S대학교에 입학했다는 사실이 늘 대단해 보였다. 아마 그때쯤에 내 마음속에는 내보일 수 없는 야릇한 감정이 있었던 것 같다. 좌석에 끌리듯 끌려가는 그를 향한 관심. 형체를 알 수 없는 내 마음속의 그것은 무엇이었을까? 나도 모르겠다. 혹 짝사랑은 아니었을까?

그 후에 나와 그는 잠시 같은 제약회사에서 일하게 됐다. 사내에서 왔다 갔다 하면서, 유리창 안에 있는 그의 모습을 힐끗힐끗

훔쳐볼 기회가 자주 있었다. 흰 가운을 입고 비이커를 흔들던 모습, 훌쩍 크면서 비쩍 마른 그 모습을. 그는 약대 출신이라 제약회사 실험실에서 근무했다. 나도 우연인지 그 회사에 입사하여 사원으로 근무했다. 어쩌다 복도에서 마주치면 말도 못 붙이고 인사만 하는 정도로 지냈다.

그를 다시 만난 건 고향 모임에서였다. 몇 해 전인가, 아마 추석이 지난 어느 가을 무렵이었던 것 같다. 내 아버지의 고향이 이북 혜산진이다. 혜산진 모임이 결성되었다고 사촌동생이 나오라고 하도 성화를 대는 바람에 나가게 되었다. 첫 모임에 그는 곶감을 가지고 나왔다. 추석 때 선물로 들어왔는데, 먹을 사람이 없어서 나눠 먹으려고 가지고 왔다는 것이다. 저녁식사 후, 한방 찻집에 들러 곶감을 곁들여 맛있게 먹었던 그때의 기억이 되살아난다.

세월은 참으로 많은 것들을 바꾸어 놓았다. 그는 직장을 다니면서 더 공부해 박사가 되어 있었다. 결혼 후 두 아들을 낳고 키워 결혼시키고, 다시 혼자가 되어 있었다. 나도 혼자가 되어 있었다. 동병상련이라 할까? 우리는 모임에서 가끔 대화를 나누었다. 일상적인 대화, 깊이 없는 가벼운 대화. 내가 관심을 갖고, "그동안 어떻게 살았냐?"고 물으면, 그는 무슨 말이든 억지로 대답하듯이, 건조한 목소리로 남의 말 하듯 대답했다.

"동생은 대학 미식축구 선수였었는데, 어떻게 잘살고 있냐?" 했더니, 2~3년 전에 암으로 세상을 떠났다고 한다. 그는 같은 약사와 결혼하여 부인이 약국을 경영했었다고 한다. 그런데 그녀가 50대에 쓰러져 그는 거의 10년 가까이 휠체어를 밀었다고 한다. 동생도 떠나고 결국 부인도 떠나고 그는 많이 지쳐 보였다.

그는 퇴직할 나이가 훨씬 지났음에도 신약을 개발하는 제약회사에서 그때까지도 현직에 근무하고 있었다. 그는 모임을 위한 찬조금도 내주고, 회원들한테 커피도 기꺼이 자주 샀다. 회원들은 그를 "고문님, 고문님" 하면서 잘 따랐다. 모임이 끝나면 언제나 혼자 휘청휘청 지하철역 층계 아래로 사라지는 모습이 내 눈에서 떠나지 않았다. 늘 내 시선이 나도 모르게 그 뒤를 따랐다.

'어쩜 저렇게 노래들을 잘하지?'

나는 TV 프로 〈미스터 트롯〉을 보고 있었다. 멋진 저음으로 애달픈 사랑을 실감 나게 노래하는 젊은 출연자. 한을 풀어내듯 있는 힘을 다해, 가사를 토해내는 또 다른 출연자.

나는 탁자 위의 견과류 캔을 열어 호두 하나를 꺼내 먹는다.

'늦은 밤이라 안 먹는 게 좋은데….'

생각하면서도 습관적으로 입에 계속 집어넣는다.

"얘 이거 맛있다" 하면서 엄마가 냉장고에서 곶감을 하나 꺼내다 주셨다. 나는 머리가 텅 빈 사람처럼 아무 생각 없이 무심코 받아먹었다.

TV에서는 심사위원들이 출연자들의 심사평을 하고 있었다. 그 순간 뭔지 모르게 몸이 이상했다. 가슴 아래가 묵직한 거 같기도 하고, 조금 갑갑한 것 같기도 하고.

'뭐지? 이상하네. 체했나?'

오늘 하루, 종일 머릿속을 짓누르고 마음속에서 떠나지 않고 있는 '그'가 TV 출연자와 오버랩되며 더 분명하게 떠오른다.

메마르고 재미없을 것 같은 무표정한 표정의 '그', 가까이 갈 수는 없었지만 마음속에 늘 지워지지 않는 그의 환영이 있었다. 이제 그는 세상의 모든 것들과 이별하고 가 버렸다. 직장을 다니면서 기를 쓰고 공부했던 그의 성실함도 노력도 지식도, 커피를 마시며 대화를 나누던 그의 입도, 휘청휘청 걸어가던 그의 다리도 이제 그의 실체는 다 없어졌지만, 내 마음속의 그는 아직도 그대로 남아 있다.

결국 밤에도 계속 속이 가라앉지 않고 자는 둥 마는 둥 하다가, 아침도 굶고 병원에 갈 수밖에 없었다. 곶감을 보면, 감이 나뭇가지에 주렁주렁 열리고 이어서 시장에 곶감이 등장하면 그로 인해 병원에 갔던 기억이 서늘한 가을처럼 다가온다. 그는 내 은밀한 마음속에 가을의 따사한 햇살을 받아 투명하게 잘 익은 감, 그 곶감을 매달아 놓고 그렇게 가버린 것이다.

나에게 사기를 당해 주세요

 까톡…, 카톡이 온다. 여동생이 대학 다니는 아들을 데리고 와서 함께 카페에서 커피를 마시고 있을 때다. 확인해보니 딸한테서 왔다.
 '엄마 나 핸드폰을 물에 빠뜨렸어. 그래서 핸드폰으로 통화를 못해요. 핸드폰 통화는 할 수 없고 컴퓨터 인터넷으로 카톡 문자를 보내요.'
 조금 있다 문자가 또 온다. 핸드폰을 사려고 하는데 자기는 지금 학원에서 수업 중이라서 나올 수가 없는 사정이라면서.
 우리 딸은 발레 학원을 운영한다. 기프트카드 십오만원 짜리 세 개를 사서 카드 뒷면을 사진 찍어 보내란다. 나는 어리둥절 어떻게 할지 허둥대었다. 옆에 있던 조카가 사진 찍어 보내란 게 이상하다고 딸한테 확인한 후에 보내라고 충고한다. 사진 찍어 보내는 건 현금을 보내는 거나 마찬가지란다.

그때서야 나도 이상해서 학원으로 딸에게 전화하니 수업 중인지 전화도 안 받는다. 학원차를 모는 실장한테 전화해서 학원 가서 원장한테 확인해 보라 하니, 조금 있다 연락이 왔는데 원장님 핸드폰 물에 안 빠뜨렸단다. 하마터면 눈 깜짝할 사이에 속을 뻔했다.

 핸드폰이 소통의 수단으로, 얼마나 좋은 세상을 만들어 놨는지! 미국에 있는 아들하고 통화할 때나 친구하고 통화할 때도 새삼 놀라지 않을 수 없다. 서로 지척에서 얘기 나누듯 가까이서 대화하는 느낌이다. 친구하고 통화할 때마다 얼마나 좋은 세상이냐며 우리는 감탄할 때가 많다. 문득 젊었을 때 봤던 미국 영화가 생각났다. 핸드폰이 없던 시절, 주인공들이 일 년 후에 만나기로 약속하고 헤어진다. 일 년 후 여주인공이 사정이 생겨 피치 못하게 약속을 어겼다. 서로 만나지 못해 연락이 안 돼 사랑하는 사람과 만나지 못하고 인생이 바뀌어 버린다. 지금은 그럴 일이 없는 편리한 세상이다.
 어느 날 잠에서 깨어보니, 거실에서 날카로운 여자 목소리가 들린다. 이 시간에 우리 집에 올 사람이 없는데, 누군가? 의아해서 나가보니 올케가 와 있다. 남동생과 싸우고 왔단다. 흥분해서 엄마한테 뭔가를 고해바치고 있었다. 싸움의 원인은 이러했다. 동생이 퇴직하고 나서 무료하니 영어 공부도 할 겸 국제 채팅을 했나 보다. 채팅을 하는 상대는 이라크에 있는 미국 여군이란다. 그 여군은 전쟁 중 '눈먼 돈'이 생겼는데 보관할 데가 없단다. 해서 그 '눈먼 돈'을 말레이시아로 보낸단다. 그것을 배달료를 내서 찾아주면 얼마간의 수수료를 준다는 얘기였다.

먼저 배달료를 주고 찾아야 된다. 그러려면 여기서 먼저 말레이시아로 돈을 보내줘야 한다. 이런 황당한 얘기였다. 이런 사실을 알게 된 올케가 생난리를 치며 싸움이 난 것이다. 나중에 알게 된 것이었지만, 요즘 이런 사기 수법이 많다고 한다. 일명 '로맨스 스캠'이라고 한다.

며칠 후 동생한테서 전화가 왔다. 동생은 대뜸 나를 만나자고 한다. 나는 은근히 걱정이 되었다.

'혹시? 이혼이라도 하면 어떡하지?'

그 나이에 이혼하면 노후가 힘들텐데, 아내에게 이혼당한 남자들이 사는 게 만만치 않던데….

이를 어쩌나? 나는 이혼하면 큰일 난다고 동생을 설득시킬 말들을 머릿속에 잔뜩 준비하고 나갔다. 그런데 얘기를 들어보고 나는 어이가 없었다. 올케하고 싸운 그 건을 나한테 설명하면서 그 여군의 말이 틀림없이 맞다고 한다. 나는 의아한 생각이 들었다. 대학 교육까지 받은 소위 지식인이라는 사람이, 사회생활도 오래 하고 그것도 경륜이 쌓여도 한참 쌓인 장년의 남자가 뻔한 일인데도 불구하고, 동생은 미련을 버리지 못하고 집요하게 나를 설득시키려 했다.

  하긴 전직 교장선생님이셨던 우리 가까운 친척도 보이스 피싱에 당했다는 얘길 들은 게 2~3년 전이다. 육천만 원을, 은행에 가서 본인 손으로 CD기로 직접 고스란히 부쳤다. 나중에 마나님이 하도 기가 막히고 약도 올라서 "같이 가서 죽자"고 하며 한바탕 난리가 났었다.

  이동통신 3사에 의하면, 우리나라가 보이스피싱으로 피해를 보는 사람 숫자가 매일 130명, 금액으로는 10억의 피해를 본다고 한다. 불법과 사기는 수단 방법을 가리지 않고 우리 주위에, 아니 바로 내 속으로까지 파고들고 있다. 수법도 다양하다.

  왜 이렇게 불법과 편법, 사기가 난무하는 세상이 됐을까? 우리는 치열한 경쟁사회에서 쫓기고 있다. 너나할 것 없이 돈에 쫓기고, 경쟁에 쫓기다 보니 미처 차분히 생각할 겨를도 없이 당하는 수가 있다.

  동생 일이나, 친척 일이나 열심히 성실하게 살았던 사람들이 돈에 관한 한 이렇게 순진하다 못해 어리석기까지 한 현실이 서글프기까지 하다.

301호 아줌마

　종교 지도자나 사람들이 흔히 하는 말에 의하면, 죽음 저 너머의 세상에는 천국이 있다고도 하고 지옥이 있다고도 한다. 한 방향으로 달리는 기차처럼 앞으로 가기만 하고 돌아올 수 없는 길. 그 길이 얼마나 먼 건지 아닌 건지, 깜깜한 굴 속으로 빨려 들어가는 건지 아니면 눈부신 빛 속으로 끌려 올라가는 건지 도무지 알 수가 없다. 어떻든 간에 한 번도 겪어보지 못한 미지의 세계라서 두렵고 무서울 수밖에 없다. 지금 병에 걸려 시한부 선고를 받았거나, 확실한 앞날을 알 수 없는 치료 중인 환자들은 더욱 불안한 마음일 것이다.

　내가 사는 아파트의 301호 아줌마가 대장암에 걸렸다. 동대표로 늘 명랑하고 친절한 분이다. 가끔 아파트 아래 꽃밭에서 호스로 물을 주고 있는 모습도 보이고, 아침저녁으로 아파트 주변 꽃이나 나무들도 관리하시고 아파트 주민들의 건강 상태도 늘 살핀다.

어느 날 마른 듯 초라한 노인과 엘리베이터 앞에서 마주쳤다. 마스크를 쓰고 모자를 눌러 써서 그런지 쌍꺼풀진 눈만 반짝거린다. 그러고 보니 우리 아파트 301호에 사시는 아줌마셨다. 60대 초반의 아줌마라고 보이기보다는 더 나이 많이 드신 할머니 같았다. 평소에는 살짝 통통한, 보기 좋은 체격의 소유자였다.

얼마 전부터 어쩐지 안 보인다고 생각했었다. 그동안 잘 계셨냐고 인사를 했더니 자신의 모습이 신경이 쓰였는지 어쩐지 좀 어색해하면서 말씀하신다.

"사실은 나 암 걸려서 그동안 항암 치료를 했어요."

그러면서 모자를 벗고 머리를 보여 주신다. 내가 선뜻 대답이 나오지 않아 머뭇거렸다.

"아유 괜찮아요. 치료받고 있으니까 낫겠죠, 뭐."

내가 하고 싶었던 말을 짐짓 태연한 척 웃으면서 말씀하신다.

"그럼요, 요새는 암도 많이 고치잖아요."

그때서야 내가 대답한다. 문득 어느 날인가, 꽃밭에 물을 주시며 "이리 와 봐요, 이리 와 보세요" 하며 손짓하던 기억이 스쳐 지나간다. 새싹이 돋는다며 자세히 보란다. 너무 예쁘고 신기하다며.

그렇게 활기 넘치고 상냥하던 모습이 어느새 꽤 여위어 있었다. 머리를 빡빡 깎고 모자를 푹 눌러쓴 모습이 애처롭고 짠하다. 자기는 이제 살 만큼 살았고 아이들도 다 출가시켰고, 다들 잘 살고 있으니 죽어도 괜찮다고 덧붙여 말씀하신다.

문 밖만 나가면 문명의 이기로부터 당하는 무수히 많은 도로 위의 교통사고. 교통사고로 죽는 한 해의 사망자가 3천 명을 넘는다고 한다. 또 지금과 같은 코로나19로 인한 세균 때문에 사망하는 사망자 수는 2차대전 때보다 더 많단다.

불확실한 시대, 아니 문 밖만 위험한 것도 아니다. 집 안에서 나는 사고, 자다가도 심장마비로 죽고, 집 안에서 불도 나고, 심지어 젊은 여자가 아이 둘을 두고 자기 집 욕실에서 미끄러져 뇌진탕으로 죽는 사람도 봤다. 불확실하기는 누구도 마찬가지일 것이다. 오늘 내가 병이 없다고 해서 안 죽는다는 보장도 없다. 누구도 안심할 수는 없다. 어떤 삶과 죽음에도 절대란 없다. 한 치 앞도 볼 수 없는 인생이 아닌가?

그렇게 생각하면 어쩜 오늘 살아 있는 것만도 기적이다. 90이 넘은 노모께서 가끔 힘들게 살아온 자신의 인생에 대해 "복도 지지리 못 타고났다"고 한탄하실 때가 있다.

"엄마가 왜, 복이 없수? 복 중에 장수 복이 제일이라는데, 가장 큰 복을 받은 거예요. 그 수많은 위험한 상황을 다 물리치고 지금까지 아주 건강하게 살아 계시니."

"그런가?" 하며 웃으신다.

"하긴 옛날 사람들도 간절한 소망이 부귀영화도 있었지만, 그보다도 선순위가 수복강령(壽福康寧)이었다"고 하신다.

암 진단을 받았을 때는 하늘이 노랗고 절망스러워서 꼭 죽을 것만 같았을 것이다. 누구도 죽음 앞에서는 자유로울 수 없다. 그러나 말기 암에서도 거뜬히 극복하고 살아남는 사람들도 있다. 실제로 내 주변에서도 몇몇 사람이 완쾌되어 잘 살고 있다. 완쾌된 사람 중 어떤 친구가 하는 말인데, "그냥 담담하면서 막연한 자신감 같은 것이 있었다"고 한다. 어떤 상황에서도 편안한 마음을 갖는 것이 중요한 모양이다. 갖가지 위험에도 살아남는 사람이 있고, 전혀 생각지도 못한 죽음도 있다. 죽음은 아주 가까운 곳에 있기도 하지만 의외로 먼 곳에 있을 수도 있다. 인명은 재천이라고 하지 않던가? 목숨은 하늘에 달려 있으니, 301호 아줌마와 그 가족이 너무 절망하지 않았으면 좋겠다. 치료를 잘 이겨내고 다시 편안하고 행복한 일상을 맞았으면 좋겠다.

나도 그분을 위해 기도로서 생명의 물을 부어 주어야겠다. 꽃밭에 물을 주어 새로운 싹이 나오듯이 나쁜 세포는 다 없어지고 건강한 새 세포가 나오기를 기원한다. 많이 하는 말이지만 '어제 죽은 사람이 그렇게 살고 싶어 하는 오늘'이라는 말처럼 바로 오늘, 이 아침에 눈 뜬 것 감사하고 오늘 살아 있음에 감사하고 매사에 감사하는 마음으로 살아야겠다. 바람이 불어도 폭풍우가 쳐도 흔들리지 말고 그러려니 하는 마음으로 오늘에 최선을 다해야지 새삼 다짐해 본다.

돌아오지 않는 까마귀

 어둠이 깔린 도시의 한복판에 우리는 앉아 있었다. 하늘로 치솟은 빌딩 숲속, 어느 한 건물 로비에. 여기저기 건물 속 불빛들이 보인다. 마침 앉기에 적합한 커다란 돌로 된 조각 의자가 있었다. 초여름의 저녁 날씨는 살짝 더운 듯하지만, 가끔 가볍게 스치고 지나가는 바람 덕분에 그런대로 기분이 좋았다.

 그녀와 나는 오랜 친구이다. 고교 동창이지만 각자 결혼 후 친구는 싱가폴로, 나는 지방으로 가서 결혼 생활을 했다. 젊은 날을 훌쩍 보내 버리고 그녀와 나는 이제 다시 서울에 와서 살게 되었다. 가끔 만나서 저녁도 먹고 사는 데 바빠 그동안 못다 한 이야기꽃도 피운다. 저녁식사 후 우리는 찻집을 찾았지만, 마침 건물 로비가 보였다. 친구가 자기가 겪은 자기만 아는 잊혀지지 않는 이야기가 있다고 그 얘기를 들려주겠다며 나를 계속 로비에 있는 의자에 앉혀 놓게 했다.

친구는 커피잔을 들어 음미하듯 한 모금 마신 후 입을 열었다.

어느 날 낮에 나는 집 안에서 나와 테크에 무심히 앉아 있었어. 싱가폴 우리 집은 주택이었거든. 그때 맞은편에 언제 왔는지, 까마귀 한 마리가 와서 나를 쳐다보고 있는 거야. 처음엔 의식을 못 하고 있었는데 문득 깨닫고 보니 까마귀가 내 눈을 계속 쳐다보고 있는 거야.

신기해서 나도 눈을 맞추고 있다기 어느 순간 내가 무심코 뜯어먹고 있는 식빵, 한쪽에 생각이 미쳤어. 손가락으로 조금씩 빵을 뜯어 먹고 있었거든. 그때 깨달았지. 내가 먹고 있는 빵 조각 때문이었구나. 그래서 빵을 뜯어 조각 내어 까마귀한테 던져 주었어. 싱가폴 까마권 몸통이 새까맣고 빛이 나며 부리는 눈에 확 띠는 샛노란색이거든. 샛노란 부리로 재빠르게 쪼아 먹더니, 또 쳐다보는 거야. 또 줬지. 서너 번 그랬나 봐. 내 손에 빵이 떨어지니 가만히 쳐다보고 있더니, 휙 날아가더라.

나는 호기심이 나기도 하고 재미있기도 해서 그다음 날 그 시간쯤에 또 나가봤어. 그랬더니 조금 있다 그 까마귀가 어디서 나타났는지 또 날아오는 거야. 그런 날들이 계속됐어. 어느 때는 내가 일어나면 나를 쫓아오기도 하더라고.

남편한테 그 얘기를 했지. 까마귀가 먹이를 줬더니 나를 쫓아다닌다고. 우리끼리 까마귀 이름도 지었어. '삼순이'라고. 어느 날은 이런 일도 있었어. 밤에 잠을 자고 있었는데 남편이 나를 깨우는 거야.

"일어나 봐. 일어나, 삼순이 왔어."

나는 피곤해서 잘 떠지지 않는 눈을 억지로 살짝 떴는데, 깜짝 놀랐어. 정신이 번쩍 드는 거야. 글쎄, 내가 자는 침실, 내 침대 맞은편 화장대에 앉아서 나를 쳐다보고 있는 거야. 침실은 방 두 개와 거실을 지나 안쪽으로 쭉 들어와야 되는데, 거기까지 들어왔더라고.

"아니, 어떻게 들어왔을까? 문을 다 열어 놔?"

친구의 입을 보며 내가 물었다.

"응, 싱가폴은 열대성 기후로 거의 일년 내내 더워서 대부분 집의 창문을 다 열어 놓고 살거든."

"도둑은?"

"치안이 잘 돼 있어서 도둑 없어. 법이 엄청 엄해."

친구의 말은 계속되었다.

삼순이가 놀랄까 봐 슬그머니 일어나서 바깥쪽으로 나가니까 발을 바닥에 대고 쫄래쫄래 따라오더라고. 배고파서 그러나보다 하고, 냉장고에서 빵을 꺼내 조금씩 뜯어 주었지. 까마귀에게 먹이를 주는 일이 한, 두 달 정도 계속되었나 봐.

그즈음 '아니따'라는 20대 초반의 아가씨가 우리 집 도우미로 오게 됐어. 모 기업의 주재원으로 있는 사람한테서 소개를 받았지. 한국 사람이 많지 않으니, 대기업에서 파견 나온 주재원들은 거의 알고 각별하게 친하게 지내거든. 네팔 여성인데, 부모가 없어서 어려서부터 신부님이 키우다가 십대 후반에 주재원으로 있던 한국 사람 집에 메이드로 오래 있었대. 그래서 워낙 한국 음식을 잘한다고 하더라.

원래 우리는 메이드가 한 사람 있어서 망설이다가, 남편하고 상의를 했지. 그랬더니 남편이 그렇게 음식 솜씨가 좋다니 한번 데리고 있지, 하는 거야. 그런데 같이 있어 보니, 음식을 요리사 이상으로 진짜 너무 잘하는 거야. 김치며 수제비, 만두, 못하는 게 없어. 한식도 한국 사람 이상으로 잘하고 다른 요리도 잘하더라구. 특히 손님 초대하면, 걱정할 게 없을 정도로 알아서 손님상 세팅을 쫘악 해놓는 거야. 그 전 집에서 참 잘 배운 것 같아. 인간성도 좋고 부지런하고 싹싹하고, 너무 좋은 거야.

한동안 그렇게 살다가, 미국서 공부하고 있는 딸에게 갔다 올 일이 생겨서 일주일 미국을 갔다 왔어. 갔다 오고 난 후 처음엔 미처 생각지 못하다가 차츰 까마귀가 안 보인다는 생각이 난 거야. 그다음 날도, 또 그다음 날도. 궁금하기도 하고 이상하기도 해서 아니따를 불렀지. 그전에 오던 까마귀 못 봤니? 삼순이 말야. 내가 밥 주던 새. 요즘은 안 보이네. 너 못 봤어? 그랬더니, 아니따가 아무렇지도 않은 무표정한 표정으로 대답하는 거야.

"그거 내가 죽였는데요."

"아니, 왜?"

나는 기절할 만큼 깜짝 놀랐어.

"자꾸 뒤를 졸래졸래 따라다니길래 귀찮아서 죽였어요."

나는 머리를 무언가로 꽝 얻어맞는 기분이었어. 머릿속이 텅 빈 사람처럼 한동안 아무 생각이 나지 않아 무슨 말을 못했다니까. 하지만 그 다음부터 차츰 아니따의 그 잔인함이 자꾸 생각나는 거야. 시골에서 닭 잡듯이 모가지를 확 비틀어서 죽였다니, 그 순간이 머릿속에 맴돌듯이 자꾸 떠올라 못 견디겠더라구. 심지어는 아니따가 내 모가지를 비트는 꿈까지 꿨어.

미국 가기 전에 그녀에게 이르고 갈걸, 자책이 되고 까마귀에게 죄지은 것 같아 괴롭더라고. 설마 죽일 줄은 미처 꿈에도 생각 못했지. 사실 우리나라도 닭도 잡고 얼마 전까지는 보신탕도 먹었잖아. 그런 생각을 하면서도 머리로는 그럴 수도 있겠구나 싶은데 가슴으로 받아 들여지지가 않더라고. 그동안 삼순이에게 모이를 주면서 내가 마음을 많이 주었었나 봐. 결국 아니따를 다른 집으로 보내 버렸어.

친구는 말을 마치며 씽긋 묘한 웃음을 짓는다.

인간의 삶의 형태나 사고도 문화에 따라 각양각색이다. '살아 있는 생명에도 윤리를'이라고 주장한 어느 수필가의 글이 떠오른다. 누구에게는 소중한 것이 누구에게는 그렇게 소중하지 않을 수도 있다. 살아 있는 생명의 소중함, 어렸을 때부터 살아온 지역 간의 문화의 차이일까? 우리는 살아온 환경도 다르고 교육 수준도 다르고, 또 각자의 성향도 다르다. 그럼에도 우리는 다른 사람들과 어울려 함께 살아야만 한다. 서로의 간극을 어떻게 좁혀 가야 하는지, 다름을 인정하며 수용할 수는 없는지, 깊은 생각으로 집에 돌아오는 발걸음이 가볍지 않았다. 마치 묵직한 돌덩이를 발목에 달고 오는 것 같기만 했다.

땡기는 그 맛

　함흥냉면, 회냉면 한 그릇이 내 앞 테이블에 놓여 있다. 겨자소스와 식초를 살짝 쳐서 면발을 가위로 자른다. 쫄깃쫄깃한 면 한 젓가락에 잘 무쳐진 홍어회를 한 점 올려 입에 넣는다. 입에 착 달라붙는 매콤달콤새콤한 그 오묘한 맛이 오감을 자극해 만족감이 밀려온다. 마침 상호도 홍남집이다. 오장동 홍남집은 남편과의 아련한 추억도 있다. 남편은 홍어회 무침을 참 좋아했다. 가끔 냉면 두 그릇에 따로 회를 한 접시 더 시켜 놓고 마주 앉아 먹던 그 집이 바로 오장동 홍남집이었다.

　고등학교 시절, 고3 때는 입시 때문에 정신이 없었을 것 같고 아마 고2 정도 되었을 것 같다. 뒷자리에 앉은 누군가가 선생님 몰래 쪽지를 돌린다.

　'학교 끝나고 함홍냉면 먹으러 가자.'

　우리는 신이 나서 학교 끝나기가 무섭게 너댓 명이 냉면집으로 몰려갔다. 아마도 동대문 근처 어디가 아니었나 기억된다. 우리는 그 극치의 매운맛을 즐겼다. 몇 젓가락 먹다 보면, 혀가 얼얼하고 심지어는 귀까지 빨개지며 따가워질 때도 있다. 어떤 때는 눈물이 찔끔 나서 상대방을 바라보며 놀리기도 하고 서로 쳐다보며 낄낄대며 웃기도 했다.

"맵지?"

"아냐, 괜찮아."

입속으론 매워서 얼얼한 혀를 어쩔 줄 모르고 눈에는 눈물이 그렁그렁하면서도 아닌 척, 센 척을 하곤 했다. 그러다가도 너무 매워서 도저히 못 견딜 때는 센 척이고 자존심이고 다 내던져 버리고 무장해제다. 말도 시키지 말라고 손사래를 치면서 설탕을 입에 막 쳐넣기도 하고 한 손에는 물컵을 들고 연신 물을 들이키기도 했다.

내가 함흥냉면을 좋아하게 된 것은 아마도 그 시절, 고등학교 때부터인 것 같다. 지금 고등학생인 손녀도 마라탕이나 떡볶이 등 매운맛에 빠져 있다. 어렸을때는 매운 음식을 잘 먹지 못했는데도 말이다. 아마도 유년 시절을 지나 성인이 되어 가는 길목에, 그 시기가 맛의 신세계를 알게 되는 게 아닌가 생각된다. 맛도 맛이지만 우리는, 어쩌면 눈물 콧물 흘리며 친구들과 함께 시시덕거렸던 그 찐한 우정에 더 짜릿한 재미가 있었는지도 모르겠다.

결혼 후 지방 도시에서 살았던 나는 함흥냉면이 가끔가끔 먹고 싶었다. 그 당시 거기에는 함흥냉면집이 없었다. 임신한 여자가 갑자기 특이한 먹거리를 찾듯 함흥냉면이 생각났다. 하지만 서울에 올 때까지 참아야 했다. 서울에 오게 되면 한 번씩 오장동에 찾아가 먹었다.

  인생학교 미술사 수업이 금요일 1시~2시 10분까지이다. 우리 집에서 지하철을 타고 가면 거의 한 시간 남짓 걸린다. 점심을 먹고 나오기는 약간 애매한 시간이라 보통은 미술사 수업이 끝난 다음 점심식사를 한다. 지하 1층으로 내려가면 푸드코트 코너 한 쪽에 함흥냉면집이 있다. 시간에 쫓기는 나에게 이 시간은 모처럼 긴장을 내려놓는 달콤하고 여유 있는 나만의 시간이기도 하다. 나는 그때의 그 친구들을 생각하며 추억과 함께 함흥냉면을 먹는다. 그런데 지금의 함흥냉면은 그때의 그것처럼 맵지는 않은 것 같다.

  땡기는 그 맛, 맛에 땡기고 추억에 땡겨 오늘도 쫄깃하고 잘 무쳐진 냉면 발을 열심히 입에 집어넣는다. 조금 먹다가 찬 육수를 듬뿍 쳐서 먹어야겠다. 그 시원하고 알싸하며 달착지근한 오묘한 맛이라니! 이것이 정말 일품이로다.

  짐작컨대, 올여름엔 풀 방구리에 쥐 드나들 듯 더 자주 이곳을 드나들지 않을까, 엷은 미소가 번진다.

나의 흑역사

 내가 이 글을 쓰려 하면서 문득 생각이 난 것은 '한 번의 실수가 평생을'이란 말이었다. 그래서 호기심에 그런 키워드로 네이버 검색을 한번 해 봤다.

 한 번의 실수가 평생을 가는 게 꽤 많았다. 예를 들면, 한 번의 노름이 평생 빚쟁이가 되었다는 둥, 한 번의 잠자리가 임신이 되어서 평생을 망쳤다는 둥. 생각해보니 한 번의 실수로 흥망이 걸리는 게 무수히 많다. 한 번의 음주운전으로 사고를 내서 살인자가 되기도 하고, 횡단보도 아닌 곳으로 한 번 잘못 건너다가 교통사고로 사망하기도 하고, 한 번 분을 참지 못하고 일을 망치기도 하고, 한 번, 한 번….

 내 두드러기 역사도 한 번의 잘못된 판단으로 시작되어 나는 평생 알러지 환자가 되었다. 결혼 후, 첫아이 임신해서 분만 직후부터 시작되었다. 임신해서 거의 산달이 가까워오는 어느 날, 절

친인 친구가 우리 집에 놀러 왔다. 고등학교 동창으로 결혼 후 오랫동안 만나지 못해서 늘 그리웠던 친구다. 반가움에 우리는 시간 가는 줄 모르고 거의 하루 종일을 놀았다. 이런저런 많은 대화를 했다.

대화 중에 특별히 내 맘속에 화살이 박히듯 콕 박히는 말이 있었다. 그 친구는 여러 여자 형제들이 있었다. 언니들도 셋이나 있어서 늘 여자들만 아는 좋은 정보들을 많이 알고 있었다. 그 중에서 자기 언니들은 애기 낳고 난 직후, 코르셋(여성 몸매 보정용)을 한다는 것이다. 그러면 몸매가 변하지 않고 그대로 유지된다는 것이었다. 그 얘기를 듣는 순간 나도 꼭 그렇게 하리라 단단히 마음을 먹었다.

첫아들을 낳고, 입원했던 산부인과 병원에서 집으로 돌아오자마자 코르셋을 했다. 붓기도 완전히 빠지지 않은 푸석푸석한 몸과 얼굴이었다. 어른들이 미역국은 왜 그리도 자주 먹으라고 들이대는지! 어른들이 권하는 대로 미역국은 자꾸 들어가지, 몸은 막아놨지, 드디어 몸이 못 견디겠는지 반란을 일으켰다. 밤에 자다가 무언가 불편감 때문에 잠이 깼다. 정신을 가다듬어보니 허리 부분이 따끔거리는 것 같기도 하고 가려운 것 같기도 했다. 이상해서 일어나서 코르셋을 벗고 확인을 했다. 허리 부분에 불긋불긋 무언가가 돋아 있었다. 처음 당하는 일이기도 하고 가렵기도 해서 너무나 당황했다. 나도 모르게 북북 막 긁어댔다. 그랬더니 가려움 증세가 삽시간에 온몸에 퍼지기 시작했다. 겁이 나고 흥분해서 제정신이 아니었고, 가려움과 따가움 증세는 점점 더해갔다. 나중에는 배도 아프고 눈도 침침하니 앞이 안 보였다. 배를 움켜잡고 간신히 도우미 아줌마를 불렀다.

또 어느 날인가에는 남편과 이태리 음식 전문 레스토랑에서 저녁식사를 하고 있었다. 시부모님을 모시고 살았던 젊은 날, 모처럼 오랜만에 남편과 둘만의 외식이어서 내 마음은 둥둥 구름 위를 걷는 것처럼 들떠 있었다. 드라이브도 할 겸, 멀리 있는 번화한 거리여서 잔뜩 치장을 했다. 귀걸이로 차림새도 빼놓지 않고 마무리했다.

"여기 분위기 좋다. 당신이 웬일이야? 나를 이런 데를 다 데리고 오고?"

"응, 당신 생각이 나서. 저번에 회사 사람들과 왔었는데, 당신과 오면 좋겠다는 생각을 했었지."

남편의 말에 나는 기분이 더 좋아지고 분위기는 무르익었다. 식사도 맛이 있었고 저녁 시간이어서 밤 야경과 함께 꽤나 낭만적이었다. 한참 분위기도 즐기면서 음식을 맛있게 먹고 있는 순간 귀걸이를 한, 귀 뚫은 부분이 조금씩 따가워 오기 시작했다. 그러더니 금방 화끈화끈 그 따가움이 확 퍼진다. 나는 겁이 나기 시작했고 머릿속은 뒤죽박죽 혼란스러워졌다.

'또 두드러기가 나는구나.'

나는 직감했다. 배도 아파 오고 눈도 침침해졌다. 배를 움켜잡고 허리를 구부렸다. 맞은편에 앉았던 남편이 놀라서 내 쪽으로 와 나를 일으켜 세워 부축했다. 더 이상 있을 수가 없었다. 식사 도중 집으로 돌아오고 말았다.

두드러기란 놈이 처음에 나타날 때는 따끔따끔 신호를 보내며 작은 뾰로지 비슷한 것이 돋아나기 시작한다. 그러면서 삽시간에 엄청 가려워진다. 작은 뾰로지 같은 것이 차츰 부위가 넓어지며 지름 1센티미터 정도의 둥근 원 모양으로 퍼진다. 이삼일 동안 미칠 듯이 가려워지며 화끈거린다. 두드러기의 특징은 내가 그 미치도록 참을 수 없는 가려움에 더 막 긁거나 정신적으로 흥분하면 더 성해서 확 퍼져버린다는 것이다. 그러므로 그 미치도록 가려움증을 무엇에 묶인 사람처럼 꼼짝없이 마음을 진정시키며 고스란히 그 고통을 감내해야만 한다.

약도 먹어 보고, 병원도 가보고 좋다는 민간요법도 해봤다. 병원 약은 잠깐 완화는 되지만 근본적인 치료는 되지 않았다. 천신만고 끝에 지금은 젊었을 때만큼 심하지는 않지만, 그래도 완치는 안 되고 평생을 알러지 환자로 산다. 지금도 가끔 내 몸이 안 좋을 때는 거부반응을 일으킨다. 면역력이 떨어지거나, 다쳤거나 하면 그 상처 난 부분 근처, 한여름이 지나 찬 바람이 불기 시작할 때 등등. 몸 어딘가가 가려워 오면서 슬그머니 나타나기 시작한다.

우리는 살면서 늘 선택과 마주한다. 선택, 선택. 선택…. 분만 후 코르셋을 했던 것이 내가 평생 두드러기 환자로 살아가게 되는 빌미가 되었다. 잘못된 선택의 결과가 내 몸속에 도사리고 있다가 평생을 따라다닌다. 지워지지 않는 흔적처럼 잊을 만하면 어느 날 불쑥 예고도 없이 스멀스멀 나타나곤 한다. 한 번의 잘못된 선택이 얼마나 치명적인지, 그땐 정말 몰랐었다.

사실은 공개하기도 조금은 부끄럽기도 하다. 20대의 어린 신부이긴 했지만, 사려 깊지 못했고 너무 가벼웠나 하는 후회도 된다. 철딱서니 없는 너무도 무지한 단 한 번의 행동으로 평생에 걸쳐 그 후유증에서 벗어나지를 못한다. 친구의 그 언니들은 괜찮았던 모양인데, 왜 나는 그랬을까? 면역력이 약한가, 아니면 원래 그런 인자가 내 몸속에 숨어 있었던 걸까?

그러나 오랜 경험으로 두드러기가, 당할 때는 더 할 수 없이 고통스럽지만 꼭 나쁜 것만은 아닌 것 같다는 의외의 깨달음도 있다. 아들이 고3 입시생일 때, 자주 코피를 흘려 너무 걱정되었다. 병원 의사선생님 말씀이 오히려 코피가 터져서 밖으로 나오기 때문에 산다고 하셨던 기억이 난다. 터져서 바깥으로 나와야지 안에서 터지면 더 나쁘다는 것이었다. 그런 맥락에서 두드러기가 내 몸에 있는 나쁜 기운을 이때 피부를 통해 다 발산시키는 것이 아닌가 하는 내 나름대로의 해석도 해 본다. '피할 수 없으면 즐겨라' 하는 말이 있듯이 즐기기까지는 아닐지라도 받아들이려

한다. 매사에 긍정적으로 생각하려 노력한다.

 이 사건으로 내가 깨달은 것은 여러 가지였다. 첫 번째는 한 번의 선택으로 흥망이 갈리기도 하고 후유증으로 평생을 고생하기도 하니, 선택에 있어서 신중할 것. 두 번째는 무엇이든지 억지로 하려 하면 부작용이 생긴다는 것. 세 번째는 일을 당할 때 흥분하지 말고 차분하게 처리해야 한다는 것. 네 번째는 일순간의 고통도 오랜 기간 겪어 보면 득이 되는 일일 수 있다는 것이다. 뼈아픈 경험으로 알게 되었다.

 오늘도 홈쇼핑에서는 쇼호스트가 코르셋, 여성용 보정 속옷을 판매하기 위해 열정을 쏟아부으며 홍보에 전력을 다하고 있다.

비밀

 가끔 뇌 속에 기억장치가 흐릿해지는 건지 순간 작동이 끊기는 건지, 물건을 잃어버리기도 잘 하고 잘 챙기질 못하고 깜빡할 때가 있다. 때로는 허둥대기도 한다. 건망증이 좀 있다고나 할까? 의사한테 물어보니 치매는 아니라니 다행이다. 어쨌든 그런 연유로, 내가 나갈 때면 구십이 넘은 엄마가 쫓아 나오셔서 묻는다.
 "핸드폰 챙겼냐? 지갑 넣었냐? 자동차 키는?"
 코로나19, 팬데믹 이후부터는 더 늘었다.
 "마스크는?"
 "아! 참, 마스크."
 나는 나가다 말고 잰걸음으로 다시 내 방으로 가서 마스크를 쓰고 나온다.
 "에구 쯧쯧, 너는 나 없으면 못 산다. 내가 네 비서다. 나 빨리 죽기 바라지 마라."

엄마는 나와 다르게 아직도 총기가 좋으시다. 초등학교 때 교과서 안에 나와 있었던 내용이 지금도 생각이 난다고 자랑을 하신다.

오랜만에 친구들과의 모임이 있어 강남역, 지하철에서 황급히 내렸다. 한참 가다 선글라스를 쓰려고 가방을 여니 분명 있어야 할 선그라스가 없다. 아무리 뒤져도 보이지 않는다. '왜 없을까?' 갑자기 머리속이 하얘진다. 머리속이 뒤죽박죽 혼란스럽다. 처음엔 두서없이 허둥대다가 안되겠다 생각하고, 차분히 왔던 길을 다시 거슬러 생각하기 시작했다.

처음에 지하철을 탈 때, 판교역 지하 승강장 근처 의자에 앉아서 지하철을 기다리고 있었다. 지하철을 기다리고 있는데 갑자기 핸드폰 벨이 울려 전화를 받아 친구와 통화를 했다. 거기까지 생각하니 승강장 내려가기 전까지는 썼던 것 같다. 그렇다면 전화를 받으면서 선글라스를 벗어 앉았던 그 의자에 놓고 그냥 지하철을 탄 게 틀림없다.

'그 선글라스는 큰딸이 사 준 건데, 잃어버리면 큰일인데, 더구나 몇 번 쓰지도 않았는데.'

"엄마는 사줘야 소용없어. 걸핏하면 잃어버리니, 아까운 내 돈만 날아갔네요."

잃어버려 아까운 마음보다 맘먹고 사 준 큰딸한테 면목이 없으니 보통 걱정이 아니었다.

올초에 나는 왼쪽 코에 난 작은 점이 피부암이라고 해서 간단한 수술을 받았다. 의사는 피부암 중에서 잘 퍼지지 않는 착한 암이고 수술도 간단하다고 했지만, 나와 우리 애들은 많이 놀랐다. 일단 암이라 하면 겁부터 난다. 놀란 토끼처럼 가슴이 콩닥콩닥 뛰고 마음이 안정이 안 돼서 지레 겁이 났다.

수술은 한 30분 남짓 진행이 됐고, 하루 동안 입원을 했었다. 딸들과 며느리가 왔다 갔다. 큰딸은 기어이 같이 있겠다고 해서 보호자용 긴 의자에서 하룻밤을 함께 했다. 다음 날 퇴원하는 길에 큰딸이 백화점에 가자고 했다. 나는 영문도 모르고 따라갔더니, 선글라스를 하나 고르라고 한다. 소위 명품 매장이다.

"다른 선글라스 있으니 됐다. 괜찮다. 그리고 너무 비싸다."

"엄마, 그동안 너무 놀랐으니 위로차 선물하는 거예요."

딸은 한사코 그걸 사서 내게 안겼었다. 그게 바로 지금 잃어버린 그 선글라스인 것이다. 안 되겠다 싶어 친구에게 모임에 못 간다고 핸드폰으로 자초지종을 얘기했다.

혹시나 하는 마음으로 서둘러 맞은편 지하철을 타고 앉아 있었던 그 자리로 다시 갔다. 조마조마한 마음으로 내가 앉았던 의자에 가보니, 역시 그 자리에 선글라스는 보이지 않았다. 시간이 얼마나 지났는데 그게 있을 리가 있나? 혹시나가 역시나였다.

지하철 습득물센터에도 전화해서 물어봤더니 그런 것 없단다. 며칠 후에 다시 해봐도 똑같은 대답이었다. 나는 행여 딸이 알까 몰라 며칠 곰곰히 생각하다가 똑같은 것을 사기로 결정했다.

며칠 후 나는 백화점 선글라스 매장에 갔다. 갖가지 디자인의 선글라스가 즐비하다. 하얀 얼굴의 날씬한 매장 직원 아가씨가 나를 상냥하게 맞으며 한눈에 훑어본다. 나이나 차림새 등을 탐색하여 취향을 가늠하는 것 같다. 곧이어 다양한 선글라스 중 하나를 골라 나에게 그것의 장점을 홍보할 기세다. 하지만 나는 그 많은 선글라스 중 다른 것에는 관심이 없고 눈길 가는 것이 하나밖에 없다.

'휴, 다행이다.'

나는 안도의 미소를 지으며 더 이상 고를 것도 없이 하나를 골라 직원에게 계산했다. 큰딸이 사줬던 것과 똑같은 것을. 다행히 쌍둥이처럼 똑같은 것이 있어 살 수 있었다.

때 이른 여름으로 햇볕이 따갑고 무덥다. 나는 선글라스를 챙겨 넣으며 보일 듯 말 듯한 엷은 미소를 짓는다. 머릿속으로는 선글라스를 잃어버렸던 그 아찔한 기억을 상기하면서.

이 사실을 큰딸은 아직도 까맣게 모른다. 비밀이다. 비밀!

작은 실수가 큰 낭패로

　5월 4일, 어린이날 연휴 첫날 고속도로 곳곳이 정체라는 뉴스를 보고 있었다. 어린이날이면 생각나는 한 가지가 있다. 꽉 막힌 차량과 함께 펼쳐지는 풍경이 내 머릿 속 기억의 회로에 숨어 있던 그 일이 새삼 환기되어 살아난다.
　아마도 20년 전쯤 일게다. 5월 5일이었다. 나와 남동생, 둘이는 서울에서 익산까지를 갈 예정이었다. 내 여동생의 시동생 결혼식에 참석하기 위해서이다. 말하자면 사돈총각의 결혼식이었다. 기분 좋은 출발이었다. 같은 서울 하늘 아래 살고 있지만, 자주 만나지 못하는 남동생과의 동행으로 반가운 마음에 조금은 들떠 있었다. 동생이 운전하고 있는 차 안에서 5월의 싱그러운 풍경에 가끔은 먼 산을 바라보기도 하고 가끔은 담소를 나누기도 하면서 가볍고 편안한 마음으로 가고 있었다.
　하지만 점점 심상치가 않았다. 고속도로가 너무 막혀 차들이 거북이 걸음을 하고 있었다. 자동차들이 가다 서다를 반복하고 있었다. 어느 지역에서는 아예 서서 움직이지를 않았다. 답답함을 못 견딘 사람들이 차 밖으로 나와 있기도 해서 마치 길게 늘어선 피난민 행렬 같았다. 어린이날이라서 차가 막힐 예상을 하고, 서둘러 2시간 정도 미리 떠나기는 했었다. 중간 지점까지 갔을 때 이미 결혼식 시작 시간이 되었다. 할 수 없이 우리는 나중에 축의금만 전달하기로 하고 서울로 되돌아왔다.

나중에 알았지만, 우리가 가지 못한 것이 문제가 아니었다. 부모님이 안 계신 신랑은, 그 형인 내 제부가 사실상의 혼주였다. 제부는 익산에서 병원을 개업하고 있었다. 사돈총각도 익산에서 공무원으로 근무하고 있어 결혼식장을 익산으로 정한 것이었다.

신부는 서울이 집이었다. 신부는 아버지가 계시지 않고 어머니와 남매뿐이었다. 신부 엄마는 미리 모든 준비를 마치고, 결혼식에는 당일날 서울에서 내려가 참석하려 했다. 그러나 5월 5일 당일날, 고속도로의 지독한 정체로 신부 측 하객은 물론이고, 신부 엄마까지 도착하지 못했다. 신부 측 하객과 엄마는 버스를 대절해 가고 있었다고 한다. 당연히 다 같이 참석을 하지 못했다. 결혼식은 다음 차례가 대기하고 있어 지체할 수도 없었다.

신부 측 가족이 한 명도 없어 난감하기도 하고 뒷차례 때문에 안 할 수도 없어서 진퇴양난이었다고 한다. 엄마를 학수고대 기다리던 어린 신부는 애간장이 타들어 가고 참다 못해 울음을 터

트렸다고 한다. 그냥 신랑 측 하객만 참석한 가운데 결혼식을 진행했다고 한다.

더구나 나중에 도착한 신부 측과 축의금 문제로 불미스러운 일까지 겹쳐 내 여동생은 그날이 꼭 악몽 같았다고 한다. 신랑 신부가 일생에서 가장 아름답고 축복받아야 할 눈부신 날이 결혼식이 아닌가. 울고불고 난리가 났었다고 하니, 좋지 않은 기억으로 생각하고 싶지도 않을 만큼 일진이 아주 사나운 날이었다고 여동생은 말했다.

어린이날이 되면, 어린이는 어린이대로 엄마 아빠와 손 붙잡고 놀고 싶고, 부모는 부모대로 그동안 못 해준 거 마음 아파 아이들 데리고 놀려 주고 싶은 마음은 누가 말리랴. 더구나 계절의 여왕 5월이니, 이때다 싶게 너도나도 야외로 쏟아져 나온다.

다만 그날의 복잡함을 미리 짐작해서 대처해야 했는데 세심한 살핌이 부족했다. 그런 날을 잡은 것도 실수요, 최소한 신부 엄마만큼은 전날 미리 익산에 가서 준비했어야지 않았겠는가. 세심하게 신경 쓰지 못한 작은 실수가 큰 낭패를 불렀다. 그 일이 나에게도 큰 교훈이 되어 중요한 일에는 더 세심한 주의가 필요하다는 걸 되새긴다.

그냥 그대로 봐주기

언젠가 어린이날에 어린이대공원 갔을 때, 공원에 놀러 온 어린이와 재미있게 얘기하다가 이것저것 물어본 적이 있는데 그중에 기억에 남는 것이 있다.

"꼬마 학생, 세상에서 제일 싫은 게 무어지?"

"제일 싫은 것은 잔소리요."

"그래? 그럼, 충고는?"

"충고는 더 싫어요."

"그렇구나…."

잔소리를 싫어하는 것은 당연히 알고 있었지만, 충고가 더 싫다는 당찬 그 아이의 말에 살짝 실망스럽기도 했다.

'충고를 좋아하는 사람은 아무도 없다'는 말을 어딘가에서 들은 기억이 있는 것 같기도 하다. 인간의 감정이 워낙 복잡, 미묘하다 보니 그렇기도 하겠구나.

얼마 전, 오랜만에 친구한테서 문자가 왔다. 카드메시지로, 예쁜 그림과 함께 덕담이 쓰여 있었다. 한때는 아주 친했었는데, 어느새 세월의 흐름에 각자의 삶 속으로 빠져 버렸다. 결혼 이후에는 거의 만나지는 못하고 아주 가끔 문자나 핸드폰으로 서로의 안부를 묻곤 한다.

그 친구도 내 생각을 했겠거니, 반가운 마음에 조금 있다가 친구에게 핸드폰을 했다. 아이들 얘기며 그녀의 남편 얘기 등, 서로의 세상살이에 대해서도 한참을 대화했다. 전화를 끊으려다 건강은 어떠냐고 물어봤다. 조금 망설이는 듯하더니, 자기는 걷기가 힘들다고 한다. 순간 속으로 적잖이 놀랐다.

"아니, 왜? 어느 정도?"

들어보니, 외출시에 몇 발자국도 걷기조차 어렵단다. 나나 다른 친구들도 약간의 관절통증이 있다고는 하지만 그 친구는 심각했다. 친구는 지금 정기적으로 병원에 가서 주사를 맞는다고 한다. 허리협착증 등, 허리 병명이 두 가지나 더 있다고 한다. 꼬리뼈에 주사를 맞는데, 맞을 때마다 이상하고 기분 나쁜 액체가 자기 몸에 흘러 들어가는 듯 아주 역겹고 진저리가 난다고 한다.

나는 갑자기 답답한 마음에 나도 모르게 그녀를 다그쳤다.

"아니, 왜 그랬어? 그렇게 될 때까지 병원에 왜 안 갔어?"

"아이, 몰라. 그렇게 됐어. 나도 짜증 나."

"아니, 벌써 걷지 못하면, 너 어떡해?"

나는 안 해도 될 소리를 하고 말았다. 예의를 차려야 하는 사이라면, 그렇게 말을 하지 않았을 수도 있다. 성질 급한 개가 짖기부터 한다고 안타까움에 마음이 앞섰나 보다.

"누가 그걸 모르냐? 그러니까 치료받고 있다고 했잖아."

돌아오는 어감이 좀 이상하다. 마음이 상한 어투다. 누군들 아프고 싶었겠나? 그제야 설마가 사람 잡는다고, 설마했거나 속사정이 있었겠지 하는 생각을 하고 더 이상은 다그치지 않았다.

그대신 병원에 꼭 꼭 잘 다니고, 건강 관리 잘 하라고 뻔한 말을 했다. 그랬더니 그 친구가 하는 말이, 남들이 이래라 저래라 하는 말도 듣기 싫고 걱정해주는 척하는 말도 지겹다고 한다. 이제는 남편의 잔소리도 듣기 싫다고 한다. 그동안 몸과 마음이 지쳐 있어 이래저래 마음이 편치 않은 모양이었다. 누군들 그러고 싶었겠느냐, 이미 엎지러진 물인데 어떡하냐며 그냥 과하지도 모자라지도 않게 "어떡해?" 하며 걱정만 해주면 좋겠다고 한다.

내가 뒤늦게 글을 쓴다고 하니까, 누구는 열심히 해서 유명해지거나 최고의 작가가 되라고도 하고, 누구는 그 나이에 스트레스 받고 그거는 해서 뭐하냐며 심지어는 쓰지 말라는 이도 있다. 사람들은 자기 잣대대로 말하는 것 같다. 언감생심, 유명해지거나 최고가 되지도 못하겠지만 그럴 생각도 없다. 솔직히 말하자면, 충고가 달갑지 않다. 오히려 심적으로 더 부담이 간다. 섣부른 충고는 도움이 되는 것이 아니라 자칫 상대의 마음을 다치게 할 수도 있다.

"소설을 잘 써서 소설가가 아니라 소설을 쓰니까 소설가다."

소설 쓰기 안내서인 이승우 작가의 『당신은 이미 소설을 쓰기 시작했다』에 나오는 말인데 공감 가는 말이었다.

'사람들은 수월하게 행과 불행을 얘기한다. 어떤 사람은 나를 불행하다고 하고 어떤 사람은 나를 행복하다 한다. 전자의 경우는 여자의 운명을 두고 한 말이겠고 후자의 경우는 명리(名利)를 두고 한 말이 아니었나 싶다. 혹은 잡사(雜事)에서 손을 떼고 일에 전념하는 것을 두고 한 말인지 모르겠다. 그들 각도에서 본 행, 불행에는 각기 타당성이 없는 것은 아니다. 그러나 때론 노여움을 때론 모멸감을 느끼며 그런 말을 듣곤 한다. 애매 모호하기 때문이다. 무궁무진한 인생의 심층을 상식으로 가려버리는 것이 비겁하기 때문이다.' (박경리 작가의 『토지』 1권 「작가의 말」에서 작가의 심경을 적은 글이다). 생각 없이 함부로 말하는 사람들에 대한 일침이다.

유트브에서 어느 유명 철학교수가 '나대로 살기. 남의 말, 절대로 듣지 말기'라는 강의를 하는 것을 들은 적이 있다. 상당히 흥미롭고 재미있었다. 여태까지는 들어보지 못한, 공감 가는 참신한 주장이었다. 나는 일하듯이 놀고 놀듯이 일하고 싶다, 그저 나대로. 본인이 깨지고 쓰러지고 일어나고 하다 보면 스스로 정리가 된다.

상대를 위해서 하는 말이라 할지라도 진정 그가, 혹은 그녀가 무엇을 원하는지, 원하는 말로 상대방의 기분을 딱 맞추기는 어렵다. 사람의 성격이 다 다르고 또 그때그때의 기분도 다를 수 있으므로. 하지만 잔소리, 충고, 잘 모르면서 무심히 뱉는 말이나 진정성이 없는 평가는 별 효과가 없다. 행여 나도 남에게 이런 류의 실수를 또 저지르지나 않을까, 되돌아보고 조심해야 되겠다 마음을 다져 본다.

기계 발

자동차는 나의 또다른 발이다. 네 발 달린 큰 기계, 사람은 다리로 걸으니까 기계 다리라고 해야 할까, 기계 발이라고 해야 할까? 암튼 나는 기계 발이라고 한다. 나는 올해 고등학교에 진학하는 손녀의 전속 기사이다. 손자와 손녀가 중학교를 다니면서부터 사교육이 시작되었다. 맞벌이를 하는 저희 엄마를 대신해 오후에 내가 가서 손자손녀를 픽업해서 학원에 보낸다. 이제 손자가 올해 대학생이 되므로 손자는 내 차를 거의 타지 않는다. 그래서 손녀의 전속 기사가 된 것이다. 손녀 스케줄대로 움직인다.

나의 기사 노릇은 몇십 년이나 되었다. 남편의 직장 관계로 결혼 후 지방 도시에서 살고 있던 우리는 시부모님의 반대에도 불구하고 아이들 교육을 핑계로 서울로 올라오게 되었다. 그때부터 내 자동차는 회사 일로 바쁜 남편을 빼고 나와 아이들의 발이 되었다. 넷이나 되는 아이들의 등교로, 때로는 학원으로 가까운 거리 먼 거리를 가리지 않았다. 큰아들이 다니는 외고로 대치동에서 정릉까지를 시작으로, 대치동에서 세검정, 잠실에서 불광동, 신촌, 안암동 등등 필요하면 어디든지 갔다.

젊었을 때는 친한 교회 집사님들과 평일 한가한 틈을 타서 서울 근교로 나들이를 가기도 했고, 친구들과 신나는 야외 구경도 했다. 그럴 때면 내 차가 동원될 때가 많았다. 내 차가 더 많이 동원된 이유는 내가 운전하기를 싫어하지 않았기 때문인 것도 있을 것이다. 스피드를 즐기는 사람처럼 시원하게 앞을 가르며 쭉쭉 달리는 그 느낌이 난 참 좋다. 아이들이 하나 둘 출가한 후에는 기사 노릇이 끝날 줄 알았는데, 이번엔 손자손녀의 기사 자리가 기다리고 있었다. 지금은 용인에서 분당까지 거의 매일을 오고 간다. 내 아이들에서부터 이제는 손주들의 발까지 된 내 자동차, 소위 기계 발은 참으로 많은 거리를 오고 갔다.

1886년 1월, 엔지니어 칼 벤츠는 내연 기관을 이용한 '움직이는 탈것'으로 독일 특허를 받았다. 세계 최초의 자동차로 '페이턴트 모터바겐(Patent MotorWagen)'이라는 이름도 붙었다. 자동차가 처음 발명되어 상용화되기까지의 과정은, 초기에 많은 냉대와 회의적인 반응을 받았던 것으로 유명하다. 기술적 불안정성, 초기 자동차는 매우 비쌌기 때문에 경제적 한계, 기존 산업과 직업에 위협이 되어서 마부와 관련 산업 종사자들의 반발, 인프라 부족 등 여러가지 이유로 발전과 보급이 늦어졌다고 한다. '자동차는 적'이라는 법안(예: 영국의 레드 플래그 액트)과 같이 엄격한 규제를 받기도 했었다고 한다.

유사 이래로 과학의 발전은 우리 삶의 모든 영역에서 광범위하게 지대한 영향을 미쳤다. 의학과 건강, 기술 산업과 교통, 정보와 커뮤니케이션, 환경과 지속가능성, 우주 탐사와 천문학 등 거의 모든 분야이다. 만물의 영장인 인간의 호기심과 탐구정신의 결과이다. 그 중에서도 특히 우리의 생활과 밀접하게 영향을 미쳐 삶을 바꾸어 놓은 것을 꼽는다면, 기계 발인 자동차, 기계 청소도구인 세탁기와 로봇 청소기, 기계뇌인 AI, 심지어 섹스 로봇과 섹스 인형도 있다고 한다. 미국에 사는 내 친구의 홀로 된 시어머니는 로봇 고양이와 생활하며 대화도 하고 외로움을 달랜다는 소식도 들었다.

과학의 발전이 단순히 순기능만 있는 것은 아니다. 편의 위주의 무분별한 발명은 핵개발 등, 자칫 인간 존재 자체를 위협하는 역기능도 분명히 존재한다. 이러한 발전이 가져오는 윤리적, 사회적 문제에 대한 성찰과 책임있는 활용도 중요한 과제로 남아 있다.

하지만 어쨌든 자동차, 기계 발이 아니었으면 그 수많은 어마어마한 거리와 일을 내가 어떻게 소화할 수 있었을까? 내 육신의 발만으로는 말도 안 되는 거리와 일이다. 문명의 이기에 감사치 않을 수가 없다. 계산해 보지는 않았지만, 아마도 내가 다닌 거리는 지구 몇 바퀴는 돌은 거리가 되지 않을까. 오늘도 나는 기계 발로 양 옆에 우뚝 선 건물들 사이 넓은 차도, 아스팔트 위를 여전히 씽씽 달리고 있다. 손녀를 태우고, 라디오 FM클래식 채널의 볼륨을 낮게 틀어 놓고서.

얼마 전 아티스트웨이반에서는 현존하는 프랑스의 유명한 현대 화가 미셸 들루크루아의 벨 아포크 시대, 전시회에 갔었다. 세계 2차대전이 일어나기 전 1930년대 파리의 풍경을 향수에 젖을 만큼 아름답게 묘사하고 있었다. 아크릴로 그린 밝고 화사하며 몽환적인 독특한 분위기의 그림들이었다. 그림 속에는 자동차가 상용화되기 전, 마차를 타고 다니는 파리 시민들의 평화로운 일상의 모습을 많이 담고 있었다.

자동차가 필수가 된 지금, 먼 훗날 우리 현대인들의 모습을 화가들은 어떤 모습으로 그릴까, 상상의 나래를 펴 본다. 또한 더더 더 먼 훗날에는 지금의 눈부신 과학의 발전 속도로라면 자동차 아닌 또 다른 어떤 것이 나와서 도시의 풍경들을 바꾸어 놓을지는, 내 작은 머리로는 도저히 상상이 되지 않는다. 아니, 그때에도 지금의 자동차가 건재해 있을 것인가.

3부

꿀순이와 쌀밥

얼마 전까지 더위와 싸웠는가 싶었는데, 어느새 찬공기가 역력한 가을이 깊숙이 들어와 있다. 널따란 들녘에 황금물결이 한창이다. 누런 벼들이 고개를 숙이고 바람이 불 때마다 흔들거리며 무거운 머리를 가누느라 애를 쓰고 있다. 땀 흘려 일한 농부들에 대한 대가이리라. 태풍과 홍수에도 견뎌준 벼의 안간힘이 고맙기도 하다.

올가을 우리나라는 농사가 잘 되어 쌀이 풍년이란다. 북녘에는 쌀이 모자라 먹을 것도 모자란다는데, 남쪽은 너무 남아돌아 쌀값이 폭락이란다. 쌀값이 너무 떨어져 농민들의 시름이 깊어져 가고 있다.

"야 봐, 사십 넘으면 밥심으로 사는 거야."

사십대 중반서부터 자꾸 배가 나와 시어머니 앞에서 똥배 나온다고 걱정을 했더니 시어머니가 하시는 말씀이다. 한국인은 밥심으로 산다고 했던가. 한국인의 표상, 나는 밥을 좋아한다. 실과 바늘처럼 밥하면 또 김치가 안성맞춤이다. 먹거리가 부족하던 때라 쌀밥이 귀했다. 쌀밥에 잘 익은 김치만 있으면 다른 반찬이 필요 없었다. 그것도 자르지 않고 손가락으로 쭉 찢어 쌀밥에 척 얹어 먹어야 제맛이다. 우리 때는 그랬다.

하지만 그때도 부유한 집안에서는 딱히 그렇지만도 않았나 보다. 신혼 초 가난이라고는 모르고 자랐던 막내시누이가 식탁 앞에서 밥을 먹으며 한 말이 지금까지 뇌리에 아프게 박혀 있다.

"가난한 애들은 밥과 김치만 먹는다, 불쌍하다."

나보고 한 말도 아니었는데, 마치 도둑이 제 발 저려서 그랬다고나 할까.

고등학교 때 잘 붙어 다녔던 친한 친구가 내 별명을 '꿀순이'라고 지었다. 밥을 꿀처럼 잘 먹어서였던지 아니면 꿀꿀이 돼지처럼 많이 먹는다는 뜻이었는지 아무튼 둘 중에 하나였으리라. 몇 년 전까지도 그 친구는 나를 보면 가끔 그 별명을 끄집어냈다. 약간의 애교스런 표정이기는 했다. 그렇지만 고등학교 때로부터 결혼, 자식 낳고 이제는 손자손녀까지 본 나이다. 까맣게 잊어버렸던 그 별명을 또 부르다니! 언젠가 동창 친구들과의 모임에서 예의 그 별명이 또 튀어나왔다. 나는 다른 친구들이 들을까 봐 신경이 쓰였다. 잘못하다 들킨 사람처럼 무안했다. 친근함의 발로였는지, 놀리는 거였는지 나는 좀 기분이 상했다. 그 별명은 어쩐지 나의 이미지가 훼손당하는 기분이었다. 가난하고 우울했던 시절이 떠올려졌다. 또 개념 없이 미련하게 식탐하는 돼지가 떠올려지는 느낌이었다.

 나의 외할아버지는 학식이 높은 분이었다고 한다. 그런 할아버지가 나의 엄마인 당신의 딸한테 밥 많이 먹으면 미련해지고 공부 못한다고 늘 밥을 많이 먹지 못하게 하셨단다. 조금이라도 더 먹으려 하면 '도야지(돼지) 같은 년!'이라고 호되게 야단을 치셨단다. 그래서 우리 엄마는 평생 소식(小食)이셨다. 그런 생각도 겹치고 해서 그 자리서 친구에게 막 화를 냈다. 나 그 말 듣기 싫으니까 앞으로 절대 하지 말라고 강하게 말했다. 친구는 아무 생각 없이 한 말인데 뭐 그렇게까지 화를 내냐며 당황해했다. 그 후부터 '꿀순이'라는 별명은 없어졌다.

 얼마 전 가까이 사는 작은딸네 집에 갔다. 전기밥통에 새로 해서 먹고 남은 밥이 꽤 많이 있었다. 왜 그렇게 밥을 안 먹냐고 했더니, 식구들이 밥을 잘 안 먹는다고 한다. 아침 시간은 바쁘기도 하고, 먹으려면 밥 대신 빵이나 다른 대체식을 더 좋아하고, 저녁엔 각자 바깥에서 외식을 많이 하다 보니 밥 먹을 짬이 없단다. 냉동실에 넣으면 맛이 없으니 엄마가 가져가서 잡수라고 한다.

 밥통에 허옇게 나보란 듯이 놓여 있는 밥을 용기에 넣었다. 집에 가서 따로 밥을 하지 않아도 되니 잘 됐다 싶었다. 나오면서 음식물쓰레기도 버려야겠다 싶어 음식물쓰레기도 같이 들고 나왔다. 딸이 챙겨준 과일 봉투며 밥 봉투, 음식물쓰레기까지. 수거함에 음식물쓰레기를 버리려 한쪽 손의 밥 봉투를 땅바닥에 내려놓았다. 때마침 핸드폰이 울렸다. 친구였다. 서둘러 음식물쓰레기를 버리고, 한 손에는 핸드폰 한 손에는 들고 있던 과일 봉투를 가지고 차에 올라탔다. 집에 오니 밤 11시가 넘어 있었다.

'아차! 밥! 밥! 밥을 놓고 왔네.'

밤이 늦어 다시 갈 용기도 나지 않고 나는 안절부절, 벙어리가 냉가슴 앓듯 했다. 딸에게 나가보라고 하면 짜증낼 것 같아 핸드폰도 못하고, 두고 온 밥 생각에 잠도 설쳤다.

누가 보기라도 하면 허연 쌀밥을 누가 이렇게 버렸냐며 비난하고 욕을 할 것만 같았다. 쌀 한 톨이라도 소홀히 하면 벌 받는다고 교육받았던 생각도 났다. 꼭 죄를 짓는 것만 같았다. 남은 음식을 버리기 잘하는 요즘의 일부 젊은이들이 들으면 비웃을지 모르겠지만 말이다. 다음 날 아침 서둘러 일찍 딸네 아파트로 갔다. 역시 밥은 없었다. 가슴이 뻥 뚫린 것 같았다. 허전하고 두고두고 속상했다.

우리나라는 선진국으로 도약하면서 먹거리도 풍부해지고 식생활도 서구화되면서 쌀 소비가 점점 줄어들고 있다. 사람들의 의

식발달도 한 원인이 되기도 할 것이다. 탄수화물의 과다 섭취가 비만을 불러오고 그로 인해 고혈압 등 많은 질병이 유발되고 있다. 나도 오랜 습관으로 탄수화물 중독이지 않은가 싶기도 하다. 지금이야 식생활도 많이 변해서 영양분 따지고, 트랜스 지방이니 비만이니 여러모로 신경을 쓰지만, 정보에 무지하기도 했고 식생활이 풍요롭지 못했던 지난 세월이다. 이제는 나이 들어 탄수화물은 줄이고 단백질 섭취를 늘리려고 노력하고 있다. '꿀순이'란 별명을 들으면서까지 밥을 좋아했던 나인데도 말이다.

하지만 같은 동족임에도 식량이 모자라 굶주리는 이북 사람들을 보고 있자니 안타깝기 그지없다. 전 세계적으로도 아프리카 등 여러 나라가 아사(餓死)하는 사람이 많다는 것을 언론에서 보면 지금 우리의 상황이 편하지만은 않다. 어딘가는 남아 돌아가고 또 어딘가는 부족한 수급 불균형이 고맙기도 하지만 어쩐지 미안한 생각도 든다. 인간으로 태어났으면 최소한 굶지는 말아야 하지 않겠는가. 어려운 시절을 살아온 시니어들과 젊은 세대들, 자라나는 아이들과의 식생활에서도 큰 격차가 있어 갈수록 격세지감을 느낀다. 우리나라 쌀값의 폭락이 풍년으로 쌀이 남아돌기 때문이기도 하지만, 남아도는 또다른 이유 중의 하나는 상당 부분 쌀 섭취만이 아닌 다른 양식으로 대체되고 있기 때문이기도 하다.

할머니의 찐감자

"내일 아침엔 감자 쪄 먹자."

오늘 아침 친정엄마 말씀이다. 아마 속이 불편하신가 보다. 감자를 먹으면, 다음날 화장실 가는 것이 편하시단다.

"알았어요."

대답하는데 기억의 저편, 잊었던 희미한 기억이 불쑥 나에게 선명하게 다가온다.

내가 고등학교 다닐 무렵 때까지도 아버지께서는 살아계셨는지 돌아가셨는지 아무 소식이 없었다. 나는 할머니와 남동생과 셋이 살았다. 할머니는 할아버지를 북에 남겨두고 아들을 따라 고모 둘과 함께 남쪽으로 내려오셨다고 한다. 곧 다시 북으로 돌아가시리라 믿고서. 하지만 아버지는 6·25 때 이후로 지금까지도 소식이 없다. 행방불명이 된 것이다. 엄마는 가족의 생계를 떠

맡아야 했으므로 타지에서 직장 따라 옮겨 다니셨다.

  그 시절 김이 모락모락 나는 다 지은 밥 속에는 늘 감자 2개가 묻혀 있었다. 동생이 감자를 무척 좋아하기 때문에 할머니는 언제나 밥에 감자 2알을 넣고 정성껏 밥을 지으셨다. 포근포근 그 감자는 정말 맛이 좋았다. 할머니는 동생이 원하는 것은 무조건 다 해 주셨다. 동생은 할머니가 살아 계실 그 시절이나 지금이나 유난히 감자를 좋아한다. 아마 어렸을 때 할머니의 영향 때문일까?

  어느 날 잠결에 어렴풋이 깨어 보니 할머니께서 부엌에서 아궁이에 불을 때고 계셨다. 그 시절에는 아궁이에 불을 때서 밥을 하는 집이 꽤 많았다. 이미 저녁식사 시간은 많이 지나버린 한밤중이었다. 아마 10~11시경이었을 것 같다.

  할머니는 분명 내 옆에서 주무시고 계셨는데 언제 일어나셨는지 불을 때고 계셨다. 동생이 늦게 왔나 보다. 저녁에 해놨던 밥이 차디차게 식어 버려서 다시 데우려고 불을 때고 계셨던 것이다, 감자 넣은 밥을. 잘생긴 감자 2알이 들어 있는 밥을.

  나는 여닫이 방문을 빼꼼히 열고 할머니의 뒷모습을 슬쩍 바라다보았다. 쪽을 진 머리는 허연 백발이었고, 비녀는 옆으로 비스듬히 기울어져 있었다. 불을 지피는 오른팔 손목 근처에 금속 팔찌 같은 것이 언뜻 보였다. 고혈압이 있는 노인들이 끼는 팔찌였던 것 같다. 쪼그리고 앉은 뒷모습이 뭔가 허름해 보였다.

  이제 나도 어느덧 그때, 그 할머니 나이가 되어 있다. 어머니도 되고, 할머니도 되었다. 세월이 나를 여기까지 데려다 놓은 것이다. 어머니 마음도 알고, 할머니 마음도 아는 나이가 되어 있다. 이제 그 나이가 되어서 가끔씩 할머니를 생각해 보면, 멀어져 버린 희미하지만 많은 기억들 중에서도 내 머릿속에는 늘, 감자밥과 한밤중에 불 때던 할머니의 뒷모습이 가장 또렷이 떠오른다. 잘생긴 감자 두 알과 함께.

젊디젊은 잘생긴 아까운 아들은 행방불명이 되어 그 쓰라린 가슴을 잡고 잠을 이룰 수 없는 밤이 얼마나 많았을까. 그토록 모진 세월을 어떻게 견디며 보내셨는지….

아들이 행방불명된 그날부터 몇 년 동안은 모든 가족에게 대문을 못 잠그게 하셨단다. 나중에 기다리다 지치기도 하고 기다리는 엄마 자신도 짜증이 나고, 그런 할머니 모습을 보는 것도 싫고 해서 할머니께, "이젠 제발 그만 기다리세요. 보기도 딱해요. 이 세상에 없는 사람이에요" 하고 막 푸악을 하고 나서, 둘이 부둥켜안고 고부간에 한바탕 울음바다가 되었다고 한다. 그 이후부터는 대문을 잠가도 모른 척 말씀이 없으셨단다. 그러나 늦은 밤까지 대문 쪽을 쳐다보는 습관이 있으셨다고 한다.

전쟁이 이 땅의 모든 것을 폐허화시킨 세월…. 그 상처 난 세월은 여전히 많은 사람들의 가슴에서 흐르고 있는 것은 아닐까? 할머니에게는 아들의 부재였고 엄마에게는 남편의 부재였고, 나 또

한 항상 아버지 없는 사람이었다. 기억도 할 수 없는 아버지지만, 그래도 나는 세 살 때까지는 아버지 품에서 재롱을 떨며 지내기도 했었다고 한다.

하지만 할머니의 사랑이 듬뿍 들어 있는 감자 2알의 남동생은 유복자다. 태어났을 때는 이미 아버지가 안 계셨으므로. 내 친구 중에서도 나같이 그때 아버지를 잃은 친구들이 몇 있다. 아버지뿐이랴? 주변을 둘러보면 그때 일로 애끓는 사연들이 얼마나 많으랴! 사랑하는 연인도, 남편도, 아들도, 형제도 등등.

전쟁은 참으로 이 땅의 많은 사람에게, 어머니들에게, 아내들에게, 아들딸들에게 크나큰 상처를 남겼다. 아무런 준비도 없이 험한 세상에 내동댕이쳐졌다. 나라 전체가 내동댕이쳐진 세월이 아니었던가? 옛날 분이라 남존여비 사상 때문이었는지 할머니는 남동생에게 더 각별하셨다. 아마 손자를 아들 보는 듯하여 더 애틋하셨으리라. 아들 대신 사랑을 쏟을 대상이 없었더라면, 그 길고 험한 세월을 어떻게 견딜 수 있으셨을까? 아들에 대한 기다림을 포기할 수 없었던 할머니. 할머니는 지금까지도 돌아오지 않는 아들을 그래도 끝까지 기다리시다가 눈을 감으셨다. 대문을 소리도 없이 열어 놓으신 채….

그때 내 기억으로, '찬밥이면 어때, 그냥 차려주면 되지, 이 밤중에 불까지 때가며 왜 저렇게 힘들게 따듯한 밥을 차려 주려 할까?' 그런 생각을 한 것 같다. 그 성가신 일을 조금도 마다하지 않고, 기꺼이 하셨던 할머니. 당신의 아들은 잘생기고 성품도 좋았단 말씀만 자주 하셨던 할머니. 손자에게 식은 감자밥을 줄 수 없었던 할머니. 그 허름한 뒷모습이 어쩐지 짠하게 애처로웠던 할머니. 할머니는 이제 떠나셨지만 지금도 때때로 생각날 때마다 가슴이 저리고 아리다.

폭풍우를 견디는 나무

바람이 세차게 분다. 창밖에 보이는 커다란 듬직한 나무에 붙어 있는 초록 잎들이 파르르 파르르 떨고 있다. 나뭇가지들은 휘청휘청 흔들리며 못 견디겠다는 듯이 몸부림을 친다. 곧 부러질 기세지만 억지로 버티고 있다. 우리 아파트가 작은 동산 끝자락에 지어져 여름에는 무성한 나무들이 내 정원인 양 눈앞에 바짝 보인다.

며칠 전부터 장마가 시작되어 때로는 소낙비가, 때론 가랑비, 때론 하늘이 꾸물꾸물 회색빛이다. 비는 잠깐 멈췄지만, 비를 몰고 오려는지 태풍에 가까운 강풍이다. 어젯밤, 외출했다 돌아오는 길에는 강한 소낙비 때문에 운전을 하는데 혼이 났다. 시멘트 바닥에 군데군데 물이 차, 바퀴 반만큼 높이로 올라와 있어 온 신경을 써야만 했다.

도로 복구를 미처 못해 바닥이 움푹 패인 물웅덩이를 지날 땐 덜컥 겁이 나기도 했다. 반대편에서 오는 차에서 뿌린 물벼락이 앞유리창을 확 끼얹어 유리창 전면을 덮고 지나갈 때면, 순간적으로 깜짝 놀라 나도 몰래 눈을 찔끔 감았다 뜨며 핸들을 부서질세라 부여잡는다. 철퍼덕거리며 찻길을 달려 간신히 집에 왔다.

 돈 걱정만은 안 하고 살 줄 알았던 내 인생에 강풍이 불고 긴 장마에 분간이 안 되는 물웅덩이 같은 함정이 몰려왔다. 인생은 수학 공식이 아니었는지, 계산대로 되지 않았다. 친정엄마가 아버지 없이 혼자의 힘으로 남동생과 나, 둘을 키우셨으므로 경제적으로 힘이 들었다. 하지만 엄마는 나에게 희망을 주려고 그랬는지 점쟁이가 너는 앞으로 일평생 돈 걱정은 안 하고 산다고 하더라는 말씀을 늘 하셨다. 나는 막연하게 그 말을 믿고 싶었다. 하지만 그 말이 맞지는 않았다.
 남편이 사업에 실패를 한 것이다. 많은 돈을 없앴다. 경제적 어려움이 몰려들었다. 하필이면 아이들이 다 사교육으로 가장 돈이 많이 드는 중·고등학교 때였다. 큰아이 하나만 빼고는 모두 연년생이었다. 딸 둘 중 하나는 미술, 하나는 발레를 하고 있었다. 아들들도 대학교 입시를 준비하는 때여서 사교육비가 많이 들 때였다.
 내 형편으로는 사교육비와 예체능계 레슨비를 감당할 수가 없었다. 대한민국에서 사교육비가 얼마나 무서운가를 아는 사람은 다 알 것이다. 그렇지만 공부는 때를 놓치면 안 된다는 생각에 멈출 수도 없었다. 언덕에서 굴러 내려오는 눈덩이처럼 부채가 가속도가 붙어 점점 더 커져만 갔다. 은행이자 독촉장에 파르르 떨기도 했고, 괴로워 휘청휘청 몸을 가누기 힘들 때도 있었다.

우리는 강남에 있는 빌라 단지에 살았었다. 주변에 돌과 나무, 꽃들로 꾸며진 정원이 있었다. 어느 날 마트에서 장을 보고 오니, 우리 옆집 103호 앞 주변 정원 안쪽과 좁은 골목길에 가재도구와 장롱 등이 어지럽게 흩어져 놓여 있었다. 비도 부슬부슬 내렸고, 게다가 조금 추운 날씨였던 것으로 기억된다. 옆집의 고등학교 다니는 딸은 활짝 열려진 현관문 안쪽에서 울고 있었고, 그 집 주인 여자는 가재도구를 밖으로 끄집어내는 사람들에게 매달려 애타게 무언가 사정을 하고 있었다. 나는 생전 처음 보는 광경으로 큰 충격을 받았다. 가슴이 쿵쾅쿵쾅 뛰고 머리가 어지러웠다. 우리도 안심할 단계가 아니었다. 조바심이 난 나는 밤에 남편을 다그쳤다.

큰 소리가 나는 다툼에 아이들이 그 상황을 다 알고 말았다. 그 뒤부터 겁많은 큰딸이 우리 집도 쫓겨나는 거냐고 자꾸 물었다. 부채로 끝을 모르는 눈덩이는 벽에 부딪히고 나서야 멈춰 섰다. 결국 그 집처럼 우리 집도 경매당하고 말았다. 시댁의 도움으로 강제로 쫓겨나는 것까지는 가까스로 면했다. 지금 생각해도 아찔한 경험이었다.

집 하나라도 건지려고 안간힘을 썼다. 절망의 끝에는 일어설

일밖에 없다고 했던가? 모든 것을 포기하니 차라리 다시 힘이 솟는 듯하고 마음이 편해졌던 것 같다. 부유한 집안에 태어나서 기안 죽고 살던 남편. 사업 실패 후 얼마나 많은 어려움을 당했을까? 잘 나갈 땐 그 많던 친구들도 하나둘 만나길 기피했을 게다. 늦가을 비바람에 힘없이 떨어진 낙엽처럼 늘 어깨가 축 처져 있었다. 그 스트레스 때문이었을까, 결국 환갑도 되기 전에 저세상으로 가고 말았다.

그 이후 나는 다시 시작하는 기분으로 이런저런 일도 해보고, 직장도 다녔다. 시댁의 도움도 컸지만, 한번 들이닥친 큰 폭풍우를 물리치기엔 참으로 힘이 들었다. 그래도 그 사이 아이들이 커가면서 대학도 나오고, 더러는 대학 다니면서 아르바이트도 했다. 졸업 후 하나둘 직장을 다니면서 안정되기 시작했다. 세월이 약이었는지 그 어려웠던 상황도 세월 따라 해결되기도 했다.

이제는 그 비바람도 잠잠해졌는지, 내 마음의 소원을 하나님이 알아주셨는지, 뜻밖에도 말년에 글쓰기(문학)도 시작했고 늦은 나이지만 대학원에도 다닌다. 때로는 비바람도 만나고 때로는 햇살 가득한 청명한 날도 만나 굽이굽이 돌아 거북이걸음으로 여기까지 왔다. 부끄럽게도 너무도 늦은 나이지만 젊은 학생들과 어울려 같은 공간에서 공부하는 호사와 행복도 누린다. 때로는 20대 여대생처럼 설레기도 하며 내 나이를 착각할 때도 있다.

이제는 아들딸들도 다 결혼하여 각자의 가정을 갖고 세상에 맞서며 열심히 잘 살고 있다. 손자손녀들도 잘 자라고 있고, 이만하면 휴, 하며 안도의 숨을 내쉰다. 그렇게 요란하게 휘몰아치던 폭풍우도 언젠가는 물러가고, 이 폭풍우가 지나면 또 언제 그랬나 싶게 눈부신 햇살이 기다리고 있다는 것을 우리는 안다. 고생 끝 행복 시작이랄까. 나도 모르게 내가 엄청나게 단단해진 것이 느껴진다. 흔들리며 오다 보니 저 거센 태풍 같은 비바람 속의 나무처럼 꺾이지 않는 나무가 되어 있지 않나? 내가 나이테가 많은 큰 나무처럼 되어 있는 것은 아닌가 하는 착각마저 든다. 나무는 흔들려야 강해지고 잘 자란다고 하지 않던가? 세찬 바람이 흔들어 비틀거릴지라도 쓰러지지 않으면 되지 않겠는가. 나이테 많은 나무들처럼.

마침표가 없는 전화

 유튜브 동영상으로 어느 유명 강사가 전화 매너에 대해서 강의하는 것을 봤다. 거기서 그녀는 그 특유의 구수한 사투리의 목소리와 몸짓으로 오십~칠십대의 엄마들한테서 전화 올 경우의 예를 들어 강의하고 있었다. 그 특징에 대해서 말하고 있었다.
 "안 끊어요. 너무 안 끊어. 왜 안 끊는지 모르겠어요."
 나는 입가에 저절로 미소를 지으며 마음속으로 이렇게 중얼거렸다.
 '맞아. 정말 맞아. 왜 그러지? 나도 모르겠어.'
 그 강사는 본인 엄마한테서 전화가 오면 스피커폰을 틀어놓고 할 일 다 하면서 가끔 가다 듣는 척하면서 추임새만 넣어준다고 한다.
 '흐흐, 남의 일 같지가 않네.'
 며칠 전 내가 슈퍼에서 몇 가지 생필품을 사고 집으로 돌아와 주차장에 차를 주차시키려는 순간 전화가 울렸다. 친구였다. 나는 재빨리 머릿속으로 이 친구가 통화를 짧게 할 것인지 길게 할 것인지 계산했다.

집에는 엄마 혼자 계시니 들어가자마자 전화통에 매달려 전화질(?)만 하기는 민망하다. 눈치가 보인다. 실제로 어느 때는 나의 긴 통화에 눈을 흘기실 때도 있다. 하루종일 나를 기다리다 반가워하시며, "우리 딸 왔어?" 하고 거실 의자에서 힘겹게 일어나면서도 환한 미소와 함께 나를 맞이하는 어머니시다. 그런데 집에 오자마자 내가 핸드폰만 붙잡고 있으면 바로 얼굴이 굳어지신다.

'차 속에서 그냥 받자.'

나는 주차시켜 놓고 그대로 차 안에서 그 친구와 오랫동안 대화를 했다. "잘 있었냐? 궁금해서 했다"부터 시작해서 자기가 그동안 여행을 갔었다는 둥, 여행을 누구랑 갔었다는 둥, 그 사람들이 어떻다는 둥, 또 딸들이 와서 바빴다는 둥, 딸들의 가족 얘기까지…. 별 특별한 얘기가 아닌데도 친구는 전화를 끊질 않았다.

나도 또한 그 비슷한 얘기로 맞장구치며 통화를 했다. 속으로는 이제 좀 그만 끊고 싶었으나 어디서 끊어야 할지, 끊질 못하고 한참을 그러고 있는데 갑자기 차문이 벌컥 열렸다. 엄마였다. 기다리다 못해 내려오신 것이다. 삼층에서 앞마당 주차장까지.

'아니, 웬일이시지?'

"너 무슨 일 있냐?"

"야, 우리 엄마가 지금 막 여기까지 나오셨다. 나중에 다시 통화하자."

나는 당황해서 친구한테 말하며 황급히 전화를 끊었다. 친구도 후딱 끊는다. 친구의 당황한 모습이 머릿속에 보일 듯 그려진다. 내 쪽에서 급하게 먼저 끊게 된 것이 살짝 미안한 것 같기도 하고, 마음에 걸린다. 원래 거절을 잘 하지 못하는 나의 성격이기도 하다. 엄마는 내가 차에서 하도 안 내리니까 삼층 베란다 창가에서 내려다보고 계시다가, 혹시 차가 고장이 나서 차 안에 갇힌 게 아닌가 걱정되어 나왔다고 하신다.

우리 집 창가에서 보면 주차장 차가 훤히 보인다. 워낙 연로하셔서 괜한 걱정을 하고 조바심을 내고 그러기도 하시지만, 우리의 통화도 늘어진 고무줄처럼 너무 길기도 했다. 나도 모르게 그렇게 될 때가 있다. 바로 수다를 떠는 우리의 자화상이다.

한 친구는 전화 때문에 친구한테 시달리다 못해 '앞으로 전화는 용건만 짧게 하자'고 노골적으로 얘기를 했단다. 그랬더니 한동안 서먹서먹해져서 신경이 쓰이더란다. 섣불리 솔직히 말하기도 조심스럽다. 친한 친구고 정말 소통이 잘 되는 좋은 친군데, 전화가 오면 겁부터 날 때가 있다. 마음은 반가운데 걱정이 앞선다. 매정하게 할 수도 없는 사이라서. 한 말 또 하고 한 말 또 하고, 중간에 말을 싹둑 자르기도 저쪽에서 무안해하고 서운해할까 봐 망설여진다. 정말 끈질기게도 안 끊을 때가 있다.

한밤중 11~1시 사이에 할 때도 있다. 피곤하기도 하고 졸립기도 해서 나중엔 진짜 짜증이 날 때가 있다. 변명 같지만, 자꾸 끊질 않고 말에 말을 이어 가고 있는데, 차마 정 없게 끊을 수가 없다. 중간중간 끊으라고 힌트를 주는데도 눈치가 없는 것인지, 모르는 척하는 것인지 계속 이어간다.

다음 순간 사람이 사는 세상인데 어디 꼭 용건만 말하고 삭막하게 뚝 끊을 수 있겠는가, 내 마음을 돌린다. 각자의 사정상 자주 만날 수도 없으니 목소리라도 들어야 하지 않겠는가. 때로는 실없는 소리도 하고 깔깔거리며 스트레스를 풀기도 하면서. 그래서 코미디도 있고 개그 같은 프로도 있는 것 아니겠는가.

아무한테나 말하기 힘든 말도 털어놓기도 하고 그러면서 정도 들고, 전화로 그렇게 많은 대화를 할 수 있는 친구가 있다는 것도 고마운 일이 아닌가. 늙으면 친구가 제일 좋다고 하지 않나. 너도 나도 다 외로워서 그러려니 마음을 가라앉힌다. 삭막한 세상을 동행하는 소중한 인연임을 되새기면서, 따지고 보면 수다 떠는 일도 그렇게 나쁜 일은 아닌 것 같다. 그렇게 친구를 두둔해 보기도 하고, 나를 자위해 보기도 한다. 모든 것이 백 점짜리 완벽은 없는가 보다.

'세상만사 그런 것이려니' 같은 상황도 돌려 생각하니, 창밖의 희미한 가로등 불빛도 갑자기 환하게 밝아 보인다.

강하지 않은 것들의 강함

 몇 년 전 추석 전날의 일이다. 손녀가 내 서재에서 쪼그리고 잤다. 아빠한테 크게 야단을 맞고 의기소침해져서 잠자리에 든 그 모습이 목구멍에 걸린 가시처럼 내 마음 한구석에 걸렸다. 한쪽 벽면을 다 채운 책장, 그 옆쪽 ㄱ자로 꺾인 벽면에 길게 놓여진 책상이 있는 자그마한 서재. 빈 공간에 요를 깔고 이불을 폈다. 조금 있으려니 손녀가 나를 불렀다.
 "할머니, 램프에 불 좀 켜 주세요."
 "알았어. 너 풀어졌어? 아빠가 너 잘되라고 그런 거야."
 나는 딱히 손녀를 달랠 말을 찾지 못하고, 뻔한 말을 했다.
 손녀는 콘센트가 빠져 있었던 걸 미처 발견하지 못하고 나를 부른 것이다. 새까만 어둠을 두려워해서 자면서도 램프를 켜 놓고 자는 버릇이 있는 모양이다. 어둠을 두려워하는 것은 나랑 닮았다.

콘센트 연결을 하자 사방으로 퍼지는 빛의 입자들. 은은하게 퍼지며 책이며 벽면의 그림, 선반에 놓인 작은 장식품들, 책장과 책상 사이의 작은 틈새까지 어김없이 스며들어 어둠을 몰아내는 빛.

나는 눈부시게 환하게 비치는 강열한 빛보다 주위에 스며들 듯 퍼지는 램프의 빛을 좋아한다. 두드러지지 않는 은은함과 부드러움을. 그래서 밤에 거실에서 쉴 때도 메인라이트를 켜지 않고 한쪽 사이드 테이블에 놓여 있는 램프 불을 즐긴다. 색도 혼자만 튀는 강열한 원색보다는 서로 섞여서 은은하게 나타내는 파스텔톤의 2차 색을 좋아한다. 옷도 그런 색의 옷을 즐겨 입는다.

보통 명절에는 아들네가 하루 전날에 내가 있는 집에 온다. 며느리와 아들과 손녀 둘이 모두 모여서 음식도 만들고 놀기도 한다. 하룻밤을 자고 명절 당일날 딸 둘네 가족들이 다 오고 나면 저녁식사를 한다. 딸들은 오전 중에는 시댁에 가서 있다가 오후 저녁식사에 맞춰 내 집에 온다.

부엌에서 며느리와 식구들 먹을 명절 음식을 하느라 한창 바쁜데, 갑자기 거실에서 큰 소리가 났다. 애들이 울고불고 난리다. 손녀 둘이 저희끼리 싸워서 제 아비가 야단을 치는 모양이었다. 애들이 사소한 것 가지고 티격태격하다가 서로 우기면서 더욱 흥분한 모양이다. 큰애는 고등학교 일학년이었고 작은애는 중학교 일학년이었다. 제 아비가 야단을 치는데도 불구하고 멈추질 않고 계속 시끄럽게 하자, 아들이 정말 화가 났다. 큰아이는 조금 누그러지는 듯했는데 작은애가 그치질 않고 아빠한테 막 반항하듯 달려들었다. 급기야 아들이 작은아이를 무릎을 꿇리고 손을 들라며 호되게 야단을 치기 시작했다.

처음엔 제 자식 제가 알아서 하겠지, 그냥 모른 척하려 했지만, 나는 차츰 아들에게 화가 나기 시작했다. 아들의 훈육 방법이 은근히 걱정이 되었다. 따끔하게 야단칠 때는 야단도 쳐야 되지만, 너무 지나치면 오히려 역효과이지 않은가 싶었다. 지나치면 모자람만 못하다지 않는가. 처음엔 제 아빠에게 멋모르고 달려들다가, 아빠의 기세에 찔끔, 눌려 눈물을 뚝뚝 흘리고 있는 손녀가 안쓰러웠다. 아니 그냥 안쓰럽다기보다 내 가슴이 파이는 것 같았다.

한밤중, 한바탕 광풍이 지나가고 바람이 잦아진 바다처럼 잔잔해졌을 때 나는 아들과 마주 앉았다.

"너희 부부 무슨 문제 있니?"

"아니, 갑자기 문제는 무슨? 그런 거 없어요."

"그런데 왜 평소의 너답지 않게 그렇게 지나치게 예민해?"

"버릇이 없어 버릇 가르치려고 그러지요."

"너무 그렇게 우격다짐으로 야단치면 오히려 애들이 반발할 수도 있어. 내년엔 중2인데, 무서운 중2 어떻게 할려고 그래?"

나는 강하지 않은 것, 부드럽게 영향을 미치는 것이 더 효과가 있다고 생각한다. 사람도 그런 사람을 좋아한다. 부산스럽게 다 말하고 떠버리지 않아도 서로 마음으로 은근하게 통하는 사람. 자기만 옳고 혼자만 아는 것처럼 끝까지 주장을 굽히지 않고 양보를 모르는 사람은 피곤하다. 굽힐 때는 굽히고 양보도 할 줄 아는 부드러운 사람이 좋다.

자기 주장이 강하지 않은 사람은 자기 색깔이 희미해서 자칫 개성이 없어 보일지 모른다. 하지만 뜨거운 음식에는 입술이 데이고, 딱딱한 음식에는 이빨이 상한다. 개인이나 나라도 마찬가지일 것이다. 너무 강한 독재자는 오래 가지 못함을 우리는 역사를 통해 안다. 문화사적으로도 스파르타의 강하고 엄격한 교육과 아테네의 부드럽고 민주적인 교육을 비교할 때 아테네의 교육이 더 우수하다는 것이 증명이 되었다. 또 '극성이면 패가'라는 말도 있다. 가정에서도 가부장적인 아빠는 아이들에게 너무 엄격하다. 어린 시절에는 아빠의 가르침을 멋모르고 따르지만 조금 커서 분간을 하기 시작하고 힘이 생기면 불만이 쌓이기 시작한다.

지금 우리나라의 정치 현실도 너무 극단으로 갈라져 있는 것 같아 걱정스럽다. 진보와 보수로 나뉘어져 갈등이 심화되어 있다. TV 보기가 피곤하고 짜증스럽다.

너무 극단으로 몰아가지는 말았으면 좋겠다. 성경에도 온유함을 수없이 강조한다. 이솝 우화에도「해와 바람」에서처럼 부드러움이 강함을 이긴다고 하지 않았던가. 부드러움이 강함을 이긴다는 예화는 외에도 얼마든지 있다.

은은하게 퍼져 있는 램프의 불빛 아래 잠들어 있는 손녀를 생각하니 그제야 안심이 됐다. 부드러운 엄마 품에 안겨 있는 아기처럼, 편안하게 쌔근쌔근 숨소리를 내며 자고 있을 아이가.

그처럼 무더웠던 여름을 슬슬 밀어내며 아침저녁으로 시원한 바람을 영접하며 올해도 어김없이 추석 명절이 다가온다. 이즈음에 몇 년 전 추석에 있었던 우리 집 풍경이 다시 기억에 새롭다.

살아내느라고 지지고 볶으며 성장하고 있는 모든 우리 아이들에게 빛나는 내일이 있기를 바라는 마음 간절하다.

바나나의 몰락

　싱싱하고 탄력 있던 노란 껍질은 갈색으로 변해 두꺼웠던 껍질이 힘없이 폭삭 주저앉았다. 마치 가을 낙엽처럼 찰기가 없어졌다. 냉장실 한쪽에 놓았던 바나나를 꺼내 보니 이 지경이 되어 있었다. 나는 그래도 냉장고에 넣었으니 속은 변하지 않았겠지 생각하며 시든 껍질을 벗겼다. 과육도 역시 반은 그런대로 원래 모습으로 버티고 있었지만 반은 변질되고 있었다.

　며칠 전, 식탁 위에 놓아두었던 바나나가 나 보란 듯이 눈에 띄어 오갈 때마다 신경이 쓰였다. 날씨가 너무 더워 아무래도 상할 것만 같았다. 더구나 날파리나 벌레가 꼬일 것 같아 영 안심이 되지 않았다. 바나나는 냉장고에 보관하면 안 된다는 상식에도 불구하고 냉장고에 넣어버렸다. 변하지는 않겠지 하는 마음이었다.

　옛날에 비하면 싸구려가 된 바나나이지만 변비에도 좋고 영양에도 좋다고 해서 샀다. 가격이 저렴해서 손쉬운 것도 한몫했다.

또 몸값이 천정부지 귀하던 시절의 잊을 수 없는 그 달콤한 맛의 향수도 있었다.

하지만 도무지 잘 먹어지지가 않았다. 다른 과일에 밀리기도 하고 바쁘게 왔다 갔다 하다 보니 더 구박덩이가 되었다. 귀찮고 골치 아픈 눈엣가시가 되어 버렸다. 버릴 수는 없고 나중에라도 먹어야지 하는 마음으로 냉장고에 넣어 버렸던 것이다. 역시 바나나는 냉장고에 넣으면 안 되는 것을, 그것이 내 불찰이었다.

한때는 바나나가 부의 상징이었다. 초등학교 시절, 소풍날이 되면 바나나가 위풍당당하게 여기저기서 그 모습을 드러낸다. 어떤 친구들은 과시하듯 몸을 뻣뻣이 세우고 얼굴을 쳐들고 천천히 베어 먹는다. 아마 그런 친구들도 평소에 자주 먹는 것은 어림도 없었을 것이다. 외국에서 수입된 그 비싼 바나나를 어떻게 자주 사 먹을 수 있단 말인가. 병원에 입원해야만 먹을 수 있다고 말하는 친구도 있었던 것 같다. 나도 소풍 전날에만 엄마가 바나나를 사오셨던 기억이 난다. 전날 밤에 다음 날 메고 갈 베낭에 과자와 바나나를 넣었다 뺐다를 반복하며 밤잠을 설쳤던 기억도 있다.

초등학교 3학년 때쯤으로 기억된다. 친할머니는 기독교인이셨는데, 그때 우리는 친할머니와 함께 살았다. 일요일이면 할머니는 성경책과 찬송가를 넣은 교회용 가방을 들고 서둘러 교회를 가셨다. 가기 전 남동생과 나를 데리고 가려고 무척 애를 쓰셨다. 하지만 우리는 모처럼의 일요일을 놀기도 바쁜데, 그 지루한 교회에 가고 싶은 생각이 별로 없었다. 교회에 가지 않는 우리를 안타까워하시던 할머니는 한 가지 묘안을 생각해 내셨던 것 같다.

하루는 '교회를 가면 우리에게 바나나를 사 주겠다'고 미끼를 던지시는 것이었다. 평상시에 바나나를 먹는다는 것은 꿈도 꿀 수 없었던 우리는 그 유혹을 뿌리칠 수가 없었다. 갈 때마다 그 귀하고 맛있는 바나나를 얻어 먹는 특별한 재미가 시작되어, 그 다음부터 나는 교회 가는 것이 습관이 되었다. 지금까지 기독교인으로 살고 있으니, 어찌 보면 바나나가 내 인생의 커다랗고 중요한 역할을 한 셈이기도 하다.

결혼 후 젊었을 때의 일이다. 나는 아들·딸 넷을 두었다. 큰아이는 학교에서 돌아오지 않았고, 나머지 아이들 셋을 데리고 가까이 사는 시댁에 갔다. 정원에 풀어 놓은 강아지들이 요란하게 짖어댔다. 그 소리에 거실에 계시던 어머니가 넓은 통창으로 밖을 내다보셨나 보다. 우리가 들어가는 모습을 보고, 현관까지 나와서 우리를 반갑게 맞이하셨다.

"아이구, 내 새끼들 왔구나. 내 새끼들 왔는데, 뭘 줄까나."

어머니는 우리가 거실 소파에 앉자마자 부엌으로 가더니 커다란 바나나 한 덩이를 가지고 나오셨다. 하나씩 떼어서 아이들에게 나눠 주고 당신도 하나 떼어 잡수셨다. 나도 주겠거니 하는 순간, 도로 부엌으로 가시는 것이었다. 너무 당황하고 민망해서 얼굴만 붉히고 있다가 화장실 간다고 핑계를 대고 그 자리를 피해 버렸다. 그 바나나가 무엇이라고? 더구나 우리 시어머니는 부자 시어머니였음에도 말이다. 가끔 어머니가 왜 그랬을까를 생각해 보기도 했다.

'그때 무슨 마음이셨을까? 너무 비싸고 귀한 것이라서였을까? 내가 싫어서였을까? 아니, 그렇게 싫어하시는 것 같지는 않았는데. 그럼 왜 그러셨을까?'

지금까지도 풀리지 않는, 아무리 생각해도 맞지 않는 퍼즐이다. 얼마나 서운했던지 평생을 뇌리에서 지워지지 않는다. 아니 서운했다기보다 이해가 되지 않는다.

'혹시 치매 시작이셨나?'

생각해 보면, 초등학교 시절과 교회 가기 시작한 일, 시어머니가 내게만 바나나를 주지 않아서 서운했던 일 등은 바나나가 비쌌던 그 시절의 웃지 못할 추억거리이다. 지금처럼 몸값이 싸져 버린 바나나는 그 달콤함과 부드러움, 은은한 향기도 퇴색해 버린 것 같다. 바나나는 그대로인데, 내 마음이 변해 버렸다. 사람의 마음이 간사한 것인지, 내 마음이 간사한 것인지. 한때는 잘 나가서 '귀하신 몸'이었어도, 끈 떨어지고 권력 떨어지면 하루아침에 찬밥 신세가 되는 요즘의 우리 세태와 흡사하다.

노트북 속 추석 풍경

 추석 전날이다. 카톡에 지인들의 여행 사진이 심심찮게 올라온다. 올레길을 걷고 있다며 등산복 차림으로 웃고 있는 사람, 해외여행 갔다며 호텔에서 가족들과 화목한 모습을 뽐내며 웃고 있는 친구 등등. 특히 올 추석엔 연휴 기간도 길어 해외나 국내로 여행을 떠나는 사람이 많은 것 같다. 우리의 전통 명절인 추석이 도시화와 핵가족화로 인해 삶의 모습과 사회구조가 많이 변화하고 있는 것 같다. 사람들의 인식이 개인의 취향과 행복을 중요하게 생각하는 경향이 많아졌기 때문이 아닐까.

 나의 추석 풍경도 세월 따라 달라졌다. 가족과 친척들이 모여 송편을 빚으며 서로의 빚은 모양을 보며, 흉을 보기도 하고 칭찬도 하면서 웃음꽃을 피웠던 것은 벌써 옛날이 되었다. 차분하고 얌전해서 전을 잘 부친다며 전 거리를 내 앞에 내밀던 시댁 어른들도 이젠 다 돌아가셨다. 어른들은 모여 거실에서 담소를 나누고 한쪽 방에선 남편 형제들이 시끌벅적 윷을 놀았다. 아이들은 바깥에서 제기차기하며 깔깔거리던 모습도 엊그제 같은데 벌써 옛날이 돼 버렸다.

 갈비며 전 등 각종 요리로 상다리가 휘어지고 시댁 어른들과 형제들이 모여 북적거리며 잔치를 벌이던 풍경이 이젠 눈 씻고 보아도 찾아볼 수가 없게 되었다. 추석 전날, 다음날 입으려는 로방 한복을 매끈하게 다리느라 진땀을 뻘뻘 흘리던 일도 이젠 추억일 뿐이다. 추석날 서둘러 아침 식사를 하고 온 식구가 성묘를 나섰던 일도 이젠 옛날일 뿐이다. 남편의 형제들도 다 결혼해 가정이 생기면서 각자의 몫으로 분리되었다. 자기 직계 가족끼리만 명절을 보내게 된 지도 꽤 오래되었다.

 우리 집은 큰아들은 뉴욕에서 살고 있어, 한국에 사는 둘째아들과 딸 둘의 가족들, 10명이 모인다. 출가외인인 딸들은 먼저 시댁을 다녀오고 우리는 명절날 저녁에 간단한 기도 후, 며느리와 내가 준비한 음식으로 옹기종기 식탁에 둘러앉아 맛있게 먹었다. 밤에는 베란다 문을 열어 놓고 휘영청 둥근 달을 보며 친정엄마와 도란도란 얘기를 나눴다. 그동안은 그랬다. 하지만 엄마는 작년에 돌아가셨다.

 그런데 올해는 큰딸이 엄마 혼자 음식 만들기 힘들다고 호텔 뷔페식당을 예약하겠단다. 우리 동네에서 멀지 않은 곳에 새로운 호텔이 생겼다고 구경삼아 가자고 한다. 처음엔 거절했지만 "엄마가 돈 낼 것도 아니면서 뭘 그러시냐?"며 하도 완강해서 못 이기는 체하고, 그렇게 하라고 했다. 가까운 친구에게서 자기네는 몇 해 전부터 명절 때 식당에 예약해서 외식을 한다는 소릴 들어온 터였다.

어쨌든 추석날 저녁, 호텔 부페 레스토랑에는 많은 사람들이 마치 시끌벅적 시골 장터처럼 북적거렸다. 이제는 추석의 풍경도 세태에 따라 일부 변했다는 걸 체험하는 순간이었다. 다음날은 아들 가족과 함께 하루 종일 놀았다. 용산 국립 박물관에 가서 '영국 내셔널갤러리 명화전'도 보고, 마당 한가운데서 열리고 있는 풍물놀이며 세계 문화유산을 전시하고 있는 박물관도 둘러보았다. 돌아오는 길에 잠실 시민공원까지 갔으니 하루 종일 놀은 셈이었다.

개인이 겪는 추석 풍경도 세월에 따라 세태에 따라 달라졌다. 이젠 우리나라도 먹을거리가 넘쳐나 티비를 틀기만 하면 다이어트 제품 선전이 요란하다. 명절이나 제사 때도 젊은 사람들은 칼로리 계산을 먼저 한다고 한다. 간편식과 간소화를 선호하고, 구태여 만들지 않아도 문밖으로 나가기만 하면 반찬을 파는 집이 얼마든지 있다. 예전 같으면 부엌에 요리 꺼리 잔뜩 늘어놓고 한쪽에선 전 부친다, 갈비 만든다 법석을 떨었을 텐데.

지난달 어느 방송국에서는 온라인상에 차례를 지내고자 디지털 병풍을 놓는 등 바뀐 추석 풍경을 보도했다. 추석을 맞아 차례를 지내기 위해 노트북 앞에 모여 앉은 가족의 사연을 소개했다. 그 가족은 이날 손이 많이 가는 차례상 대신 '온라인 차례상'을 이용했다. 음식 이미지를 고르면 10분도 안 돼 차례상이 차려진다. 그 가족은 노트북을 향해 예를 갖춰 "많이 드시고 가십쇼"라고 말한다. 온라인 차례상은 누구나 무료로 이용 가능한 서비스라고 한다는 내용이었다. 믿지 못할 사실에 조금은 충격이었다.

나는 그 뉴스를 모티프로 이 글을 쓰게 되었다. 물론 지금도 음식을 준비해서 온 가족이 함께 집에서 명절을 즐기는 집이 대다수이다. 하지만 각자의 사정에 따라 추석의 풍경이 다양해졌음도 사실이다. 나 또한 세태에 편승하게 되니 앞으론 또 어떤 식으로 추석을 맞이하게 될지, 장담할 수가 없는 요즈음이다.

하지만 아무래도 추석 명절은 옛 풍습대로 지내는 것이 훨씬 정겹고 훈훈한 것 같다. 그것이 오랜 역사와 전통으로 면면히 이어져 오는 우리 한민족의 가슴 풋풋하게 하는 정서가 아니겠는가. 아이들은 옥색 고무신에 엄마가 장만해 준 색동저고리를 입고 밝고 환한 둥근 달을 바라보며 깡충깡충 춤추며 달맞이 놀이를 하고, 어른들은 돗자리나 멍석을 깔고 밤 깊어 가는 줄도 모르고 두런두런 정담을 나누었다. 일 년 사시사철에 이보다 흐뭇하고 가슴 넉넉해 본 적이 어디 있었을까.

그러나 요즘 추석 명절은 뭔가 삭막한 것 같기도 하고 허전하기도 하다. 한가위 중추 명절에 먹지 않아도 배가 부르고 가슴이 뿌듯하게 부풀었던 정 많은 민족의 구수하고 은은한 향기는 세월 따라 점점 없어지고, 각자의 형편에 따라 다양해지는 풍경은 어쩔 수 없는 세태인가. 먼 훗날 지금의 내 자식들은 지금의 내 나이가 되었을 때, 그때의 세태에 또 나와 같은 허전함을 느끼지는 않을지.

정동길 문화 답사

가을 하늘이 맑고 푸르다. 군데군데 뭉게구름이 그림을 그려놓은 듯 아름답다. '하나님은 화가이신가 보다' 하는 생각을 해본다. 아름다움을 감상할 수 있음에 감사하고 살아 있는 오늘에 감사하며 발걸음을 재촉한다.

오늘은 인생학교 회원들과 덕수궁에서 열리고 있는 장욱진 화백의 회고전을 감상한다. 정동길과 그 주변의 역사가 서려 있는 몇몇 곳도 둘러볼 예정이다. 어젯밤 불면증으로 아침에 일어나는 것이 힘들었다. 눈꺼풀이 무겁고 몸이 찌뿌둥해 갈까 말까 잠시 망설였다. 하지만 다음 순간 내게 주어진 오늘이라는 시간을 의미있게 보내야지 하는 생각이 미치자 정신을 가다듬고 개구리가 뛰어 오르듯 재빨리 털고 일어났다. 더구나 쉽게 약속을 어기는 것도 아니라는 생각도 들어서이고.

11시 약속 시간에 모여 리더인 이 코디님의 안내로 덕수궁 안으로 들어가니, 빨갛고 알록달록한 가을 단풍이 한창이었다. 고즈넉한 고궁의 정기가 한눈에 들어왔다. 반가운 회원들과 삼삼오오 짝을 이루어 담소를 나누며 한동안 가을의 정취에 취했다.

고종과 명성왕후가 거처했다는 건청궁을 배경으로 찰칵 한 컷을 찍었다. 일본군에 의해 시해된 을미사변이 일어난 곳이기도 하다는데, 철거되었다가 다시 복원되었다고 한다. 초록과 붉은색으로 적절히 배합된 모습이 아름다워, 요즘 MZ 세대들의 사진찍는 '핫 스팟'이란다. 역사의 소용돌이 속에서 그 비극의 순간을 떠 올리니, 잠시 숙연해지는 마음이었다.

'가장 진지한 고백'이라는 타이틀이 건물 앞 오른쪽 위에 크게 눈에 들어오는 장욱진 화백의 회고전을 보러 실내로 들어갔다. 담백하고 소박한 색채와 형태가 특별한 느낌으로 다가온다. 단순해 보이지만 다양한 구도와 창의적 묘사가 뭉클 마음을 때린다. 화백의 말씀 중, 가장 머릿속에 뚜렷하게 기억하는 구절은 제3 전시실 입구에 쓰여진 문장이다.

'자기만의 생활은 자기만이 하며 자기의 생활을 그 누구의 생활과도 비교하지도 않았으며 때문에 창작 생활 이외에는 쓸데없는 부담밖에는 아무 소용이 없는 것이다. 그것은 마치 승려가 속세를 버렸다고 해서 생활을 버린 것이 아니라, 오히려 부처님과 함께하여 그 뜻을 펴고자 하려는 또 하나의 생활이 책임지워진 것과 같이 예술도 그렇듯 사는 방식임에 지나지 않으리라.'

문장에서 나타나듯 장 화백님이 그림 창작에 얼마나 집중하셨던가를 짐작할 수 있는 대목이었다. 깊어진 가을 추위로 서늘한 한기에 우리 일행은 장터국밥으로 유명하다는 식당에서 뜨끈한 점심식사를 마쳤다. 오후엔 정동길 산책으로 배재학당과 정동교회를 둘러보았다.

배재학당은 아펜젤러 목사가 세운 학교로 지금은 배재학당 역사박물관으로 활용되고 있다고 한다. 안으로 들어가니 입구에 여직원이 있었고, 한낮임에도 조금은 침침한 느낌이었다. 벽면에는 아펜젤러 목사의 가족사진과 그 당시 선교활동을 하던 선교사들의 사진이 있었다. 낯선 남의 나라에 와서 선교활동과 교육에 커다란 공을 세웠다고 하니 새삼 신앙의 힘의 위대함을 깨닫게 된다.

정동교회는 우리나라 최초의 개신교 교회당이라고 한다. 정문으로 들어가니 눈앞에 붉은 벽돌의 예배당이 보인다. 일행 중 일부는 앞마당 돌계단에 앉아 사진도 찍고 깔깔거리며 얘기도 나누고, 일부는 파이프오르간을 보기 위해 실내로 들어갔다. 이 파이프오르간도 우리나라 최초로 설치되었다고 한다.

정동교회를 끝으로 나는 사정이 있어 먼저 집으로 향했다. 코디님과 다른 회원들은 중명전과 러시아공사관 등 다른 나머지 일정을 소화할 것이다. 집으로 오는 길에 문득 등을 돌려 정동길 뒤를 돌아다본다. 단풍으로 물들은 이 아름다운 풍경을 얼마나 많은 사람들이 저 바닥을 밟으며 지나다녔을까. 홀로족, 가족들, 연인들, 친구들, 수많은 사람들의 무게를 고스란히 견디고도 묵묵히 바닥은 말이 없다. 또 다른 사람들을 맞이하기 위해 기다릴 뿐이다. 구한말, 각국의 각축장이 되었다는 역사를 간직한 비극의 공간들이다. 살아오면서 많은 날을 정동길을 다니기도 했다. 하지만 무심히 다녔을 뿐이다. 역사 탐방을 통해 그동안 몰랐던 새로운 사실들을 알게 되었다.

지구 저편에서는 전쟁으로 인해 많은 사람이 무참히 죽어 가고 있는 이때이다. 더 잘 살겠다고 발버둥을 치기도 어쩌면 미안한 시대이다. 오르려고 기를 썼던 시간도 이제 내려놓을 시간이다. 숨가쁘게 달려왔던 시간도 이제 뒤로할 시간이다. 작은 것에 감사하고, 오늘에 충실한 마음가짐이 지금 내게는 필요하다.

그런 의미에서 아름다움을 보고 느낄 수 있으며, 새로운 사실을 알고 생각할 수 있었던 오늘의 문화답사가 특별히 좋은 의미였음을 상기하게 된다.

누가 아이패드를 탈 것인가

 대학 입시가 끝나 대학생이 되는 손자녀석이 다이어트를 한다고 비건식 제품을 잔뜩 사들였다. 그러고 보니 얼마 전 텔레비전에서 봤던 자막 문구가 떠오른다. 우리나라의 남성 비만율이 늘고 있다고. 최근의 의학적 연구와 전문가들의 의견은 비만을 질병으로 인식하고 있다고 한다.

 비만은 심혈관 질환과 당뇨병, 고혈압, 관절염, 종양등의 질병 요인이 된다. 일론 머스크가 맞아 10킬로그램을 감량했다는 주사가 알약으로 나온다는 소식도 있다. 비만 치료제 시장이 날이 갈수록 성장하고 있어, 세계 비만 치료제 시장의 규모는 2027년까지 매년 약 35% 정도 성장할 것으로 예상된다고 한다.

 얼마 전 지난 12월 말경이 내 생일이었다. 우리 가족들이 다 모였다. 나를 포함해 아들, 딸, 사위, 며느리, 손자, 손녀 모두 11명이었다. 큰딸이 예약해 둔 판교의 한 레스토랑에서 저녁식사를 하기로 했다. 뉴욕에 사는 큰아들 가족만 빼고 한국에 있는 온 가족이 다 모인 셈이다. 사랑스런 손자손녀를 본다는 마음에 샤갈의 대표작 〈생일〉 그림처럼 나의 마음이 공중에 두둥실 붕 떠 있는 것같이 설렜다. 더구나 크리스마스와 연말이 가까워 다들 조금은 들뜬 기분으로 한껏 즐겁고 행복한 분위기였다. 식사 후, 케이크 커팅과 다과는 레스토랑에서 멀지 않은 큰딸네 집에서 하기로 하고 우리는 큰딸 집으로 몰려갔다. 딸들과 며느리가 다과와 생일 케이크까지 올리고 테이블 세팅이 끝났다. 케이크에 꽂힌 촛불을 훅 하고 껐다. 생일 축하 노래를 들으며 케이크 커팅을 했다. 다음 차례는 커팅된 케이크를 먹는 차례다. 손녀가 케이크 한 조각을 집어 들으려는 순간, 제 엄마가 손녀의 손등을 탁 쳤다. 먹지 말라는 뜻이다.

"야, 그냥 먹게 내 버려둬라. 한 조각 정도는 괜찮아."
"아니에요 어머니, 얘 살 못 빼서 발레하기 힘들어요."
"아! 참 답답하네. 그래도 오늘 같은 날은 좀 봐 줘라."
"어머니 모르셔서 그러지, 얘 병원에서 지방간이래요."
"응? 아니, 애들이 무슨 지방간이냐? 별일도 다 있네."

신나고 즐거웠던 분위기가 갑자기 머쓱해졌다. 자연스레 화제는 다이어트로 급전환됐다. 그러지 않아도 우리 집 남자들, 아들과 사위들이 40이 넘어 중년으로 가다보니 다들 살이 찌고 배가 나와 나도 은근히 건강이 걱정되던 차였다. 한참을 다이어트하기

누가 아이패드를 탈 것인가 **175**

가 힘들다느니, 어떤 방법이 좋다느니 떠들다가 갑자기 큰사위가 "주목!" 집중하라며 큰소리로 박수를 쳤다. 자기가 상품을 걸겠다는 거다. 다음 번 우리 가족 모임(구정)까지 3킬로그램을 빼는 사람에게 최신형 아이패드를 상품으로 주겠다는 제안이다. 큰사위가 쏘는 거다.

"아니, 3킬로 말고 5킬로로 하자."

누군가 말했다. 3킬로는 너무 약하다, 5킬로는 너무 무리다, 의견이 분분했지만 결국 5킬로로 낙착이 되었다. 나도 고혈압에 고지혈증이 있어, 미리 관리하지 않은 것이 요즈음 후회가 된다. 젊었을 때, '제비 같은 혜종(큰딸 이름)이 엄마'란 별명이 있을 정도로 날씬했던 나인지라 고혈압이 올 줄은 미처 몰랐다.

"내가 하면, 나도 줄텐가?"

"아! 장모님도 물론 드리죠."

"오! 좋아, 좋아!"

손주들도 신이 나서 마치 자기가 타기라도 할 것처럼 모두 하겠다고 나섰다. 우리는 식구들대로 다 몸무게를 재고, 딸이 온 식구들의 몸무게를 다 메모해 두었다.

며칠 전 밤, 잠이 오지 않아 새벽결에 TV를 켰다. 마침 EBS 클래스에서 〈갤럭시 성공 신화의 주역〉이라는 프로를 방영하고 있었다. 삼성전자의 대표이사까지 오른 고동진 사장의 특강이었다. 그의 말에 의하면, 자신의 부족함을 깨달아 더 노력했다는 것이다. 명문대학 출신부터 해외 유학파까지 화려한 이력을 가진 동료들 사이에서 살아남기 위해 더 노력하지 않을 수 없었다고 한다. 해마다 연초에는 계획을 세워 실천하려고 노력했고, 연말에는 얼마나 제대로 실천했나를 꼭 확인했다고 한다. 그것을 보면서 '역시 실천이 중요하구나. 성공한 사람은 남다른 실천력이 있구나' 다시 한번 깨달았다. 해마다 새해만 되면 큰 계획을 세워 실천의 각오를 다지지만, 실제로는 작심삼일이 되고야마는 나와 비교가 돼서 스스로 부끄러워졌다. 버나드 쇼가 자기 무덤의 비석에 새겼다는 '우물쭈물하다가 내 이럴 줄 알았다'는 비문처럼 나의 일상도 그러다 보니, 나는 역시 보통 사람밖에 될 수 없나 보다.

  많은 사람들이 몸무게를 줄이기 위해 자신과의 싸움을 벌인다. 식생활을 바꾸어야 한다, 꾸준한 운동을 해야 한다, 이 모든 것을 모르는 것이 아니다. 정보는 넘쳐난다. 하지만 실패하는 원인은 실천이 어려운 것이다. 조금만 해이해지면 요요 현상으로 다시 원상 복귀되지 않는가. 방법은 알고 있지만 실천하는 일은 쉬운 일이 아니다. 이번 우리 가족 아이패드 상품 타기는 누가 제대로 실천할 것인가, 그것이 관건이 될 것이다. 되도록 우리 집 성인 남자들, 그 중 아들과 사위 중에서 누가 탔으면 좋을 것 같았다.

  며칠 후, 마침 친구가 핸드폰을 했길래 이 얘기를 자랑 겸 늘어놓았다. 한참 듣고 있더니 친구가 걱정하며 말한다.

"얘, 그거 '벤츠' 사 준다고 해도 못 해. 그게 그렇게 쉬우면 다들 왜 못 하겠니?"

하긴 그렇긴 하다. 사실 나도 그때는 솔깃했었는데, 며칠 지나고 나니 슬그머니 자신이 없어진다. 오죽하면 세계 비만 치료제 시장이 그렇게 성장을 하겠나 하는 생각이 들었다.

"에휴! 그래. 네 말이 맞다."

나와 친구는 깔깔대고 웃고 말았다.

바삭 바삭 김 예찬

　바삭하면서 동시에 부드럽고 혀끝에 착 달라붙는 맛이 더 먹으라는 듯 침샘을 자극한다. 입에 들어가는 순간 바삭함이 일시에 갈기갈기 부서지며 이어서 사르르 녹는다. 들기름의 독특하고 그윽한 풍미, 침과 섞여 짭조름하고 고소한 맛에 갑자기 입 안이 행복해진다.

　'그래! 이 맛이야.'

　투명하게 야들야들 얇은 조선김의 맛. 요즘 대량으로 나오는 조미된 김은 그 맛을 못 따라간다. 조선김은 구워 놓으면 원래 바다 것이라는 듯 투명해지며 점점 새파랗게 바다색을 닮아 간다. 선물로 들어온 조선김을 모처럼 솔로 들기름 싹싹 발라 소금 훌훌 뿌려 구웠다. 평소에는 귀찮다는 핑계로 마트에서 사 먹었다. 요즘은 가정에서 기름 발라 손수 구워 먹는 집이 드물다.

　정신없이 바쁜 현대 생활에서 그 맛을 고수할 수만은 없다. 그

걸 충분히 인정한다. 젊은 시절 시부모님 모시고 살 때 식사 준비를 할 때면, 도우미 아줌마가 식사 준비를 하고 젊은 새댁인 나는 늘 조선김을 쟀다. 일을 시키려고 그랬는지, 차분하게 잘한다고 칭찬을 받아 우쭐했던 기억도 있다.

구운 김이 대량으로 판매되기 전, 그때는 기름 발라 하나하나 직접 구웠다. 음식도 시대에 따라 생활상에 따라 변화된다. 바쁜 현대 생활에서 그 맛이 뭐 대수랴 할지 모르겠지만 잊혀져 가는 소중한 맛들이 조금은 아쉽기도 하다. 추억의 그 맛.

세월이 감에 따라 음식도 사람들의 생활상에 맞춰 변화해 간다. 일일이 하나씩 들기름 발라 굽는 대신, 언제부턴가 김 굽는 기계가 나와 시장에서 구운 김을 사 먹었던 기억이 난다. 이제는 식품회사에서 다양한 구운 김이 대량으로 출시되고 있어 소비자들의 입맛을 책임진다.

우리나라 음식 중에 맛깔스런 음식이 많지만, 김은 가히 국민 반찬이라고 자신 있게 말하고 싶다. 맵지 않고 딱딱하지 않아서 이유식을 갓 뗀 어린아이부터 노인까지 남녀노소 누구도 싫어하는 사람이 거의 없을 것이다. 반찬이 없어도 갓 지은 밥에 적당히 썰은 김 하나만 얹어 젓가락으로 살짝 오무려 입에 쏘옥 집어넣으면 그대로 꿀꺽이다.

우유를 먹으며 자라던 아이들이 밥을 먹기 시작할 시기에 수저에 김 하나 얹어 쫓아다니며 입에 넣어준 기억도 있고, 학교에 가기 전 바쁜 아침 시간에 반찬 챙기기도 힘들 때, 김 한 조각에 밥 조금 넣고 오므려 주먹밥을 만들어 내밀었던 일도 기억에 새롭다. 반찬으로 먹기도 하지만 술꾼들의 술안주로도 좋고, 어쩐지 입이 심심해 식탁 위에 놓인 내모난 반찬통에서 한 장씩 간식으로도 집어 먹는 맛도 일품이다.

  우리야 배 채우고 그 맛을 즐겨 희희락락 좋아하지만, 김의 입장에서 보면 살아 넓다란 바닷속에서 잎사귀 흔들거리며 동료들과 어울려 놀던 때가 그리울지도 모른다. 죽은 몸뚱이로 납작하게 눌려서 이제나저제나 사람의 입으로 들어가야만 하는 신세가 된 김.

  어쨌거나 지구촌 시대라는 말에 걸맞게 지금의 우리나라에는 많은 외국인들이 살고 있어 다문화가 되었다. 우리 음식을 즐기는 사람들도 늘어나고 있다. 그들 중에는 우리나라 음식에 푹 빠진 사람들도 있는 것 같다.

  한류 열풍을 타고 우리나라 음식을 좋아하는 세계인들도 많아지고 있다고 한다. 스위스인 사위를 둔 동서가 자기 사위가 김치, 김밥, 잡채, 불고기를 너무 좋아해서 갈 때마다 해 주고 왔다는 소리 자주 듣는다. 해외 여러 나라에서도 우리 음식이 큰 인기를 끌고 있다는 소릴 심심찮게 듣고 있다.

  며칠 전 TV에서 우리나라 수산물 중에서 김이 수출 품목 1위라고 자막에 나온 것을 봤다. 역시 세계인들도 인정하기 시작했구나, 건강식으론 최고라는 인식과 함께 건강식품 붐을 타고 덩달아 인기가 상승하고 있다고 한다. 김이 세계 여러 나라의 식탁에 당당하게 등장하게 된 배경에는 요즘 세계적으로 주목받고 있는 K-컬쳐도 한몫했다고 한다. 한마디 덧붙이자면, 미국 사람들은 김을 간식으로 먹는다고 한다. 반가운 일이 아닐 수 없다.

세계인의 식탁에 김이 올라가 있는 풍경을 상상해본다. 김의 세계화, 퓨전화로 다양한 조리법을 개발해 앞으로 세계인의 입맛을 더 사로잡을 것을 확신한다, 평생을 먹어온 김, 밥이 질리지 않듯 언제 먹어도 익숙하면서 질리지 않는 김. 바쁠 때면 자주 볶은 멸치 조금 넣어 김쌈을 먹는다.

푸른 꿈

"날아가는 새 같아요."
"지나가는 바람 같아요."
"푸른 물고기 같아요."
"그리움 같아요."

예술품을 보고 감상하는 느낌도 저마다 다 다르다. 각자의 개성이 다르고 삶의 모습이 다르듯이. 우리는 서울숲에서 가장 높은 곳인 바람의 언덕에 위치한 〈먼 곳에서 오는 바람〉이라는 조형물을 쳐다보며 각자의 느낌을 말하고 있었다. 조형물은 마치 배의 닻처럼 생긴, 긴 세로 형태의 석조 위에 청색 커다란 타원형 접시를 비스듬히 올려놓은 것 같았다.

문화 답사반은 지난 수요일 요즘 젊은이들에게 핫한 거리 중 하나인 성수동 거리와 서울숲을 답사했다. 친구들과의 모임에서 가끔 가 보긴 했지만, 그저 근처 빌딩 안에 있는 레스토랑에서 점심식사를 하고 서울숲으로 이동해서 잠시 담소를 나누는 정도였다. 하지만 이번에는 이 코디님의 친절한 안내로 요소요소를 둘러볼 수 있었다.

가지만 앙상하게 남은 메타스퀘어길, 그 위에 살포시 앉은 눈의 입자들, 사슴농장 안에 띄엄띄엄 처연하게 서 있는 사슴들, 바람의 언덕 등등, 보이는 세상이 온통 하얗다. 우리는 새하얀 세상에 한동안 홀렸다. 십대 소녀들처럼 설렜고 모처럼의 낭만에 취했다. '좋다, 좋다'를 연발하며 군데군데서 사진 찍는 것도 잊지 않았다. 자연스레 둘씩 짝짝이 우산을 받쳐 들고 눈오는 길을 헤쳐 나갔다. 뽀드득 뽀드득 눈 밟는 소리를 만끽하며.

'호호식당'에서의 점심식사 후, 우리는 맞은편 단팥죽 카페로 몰려갔다. 작은 탁자를 밀쳐 붙여 놓고 소파에 옹기종기 앉아 단팥죽과 차를 즐겼다. 마주보며 담소를 나누는 우리는 따듯한 마음의 온기를 느꼈다. 그 자리는 처음 보는 회원이나 자주 보던 회원이나 닫혔던 문을 허물고 한 발짝 다가가는 끈끈함이 있어 흐뭇했다. 휘날리는 눈발은 우리를 시샘하는 듯 실내를 기웃거리며 자꾸만 유리창에 부딪쳐 왔다.

바람의 언덕에 있는 조형물을 보며 나는 보이지 않는 기상, 도전하는 젊은 꿈을 표현한 것 같다는 느낌을 받았다. 높은 세로의 석조 받침은 그만큼 꿈은 높이 있다는 것을 묘사한 것처럼 보였고, 청색의 접시 형태의 조형물은 마침내 다다른 푸른 꿈이라면 좋을 것 같았다.

 날씨는 눈이 내렸다 비가 내렸다 하며 변덕스러웠다. 오전 중에는 개었다가 다음엔 회색빛으로 잔뜩 찌프린 날씨가 결국은 하얀 눈송이로 변했다. 한때는 눈이 오는건지 비가 오는건지 경계가 불분명했다. 바람의 언덕, 조형물 앞에는 하얀 눈이 제법 쌓여 솜이불을 밟는 듯 발길에 닿는 감촉이 부드럽고 폭신했다.

 조형물과 날씨에 대해 생각해 봤다. 꿈을 향해 가는 젊은이, 꿈을 향해 가는 여정은 맑게 개인 날도 있을 것이며, 앞을 가로막듯 시야가 흐린 진눈깨비 오는 날도 있을 것이다. 바람처럼 흔들릴 때도 있을 것이다. 하지만 살짝 위로 치켜진 접시 끝의 뾰족함처럼 끝까지 도전해서 뚫고 나간다면, 흔들려도 반드시 푸른 청색 신호가 올 것이다.

 "푸르른 꿈을 위하여! 축배를!"

 작가는 작품 〈먼 곳에서 오는 바람〉을 깊은 파란색과 바람이 만들어 내는 쾌청함을 시각적으로 전달하고자 하였다는데 나의 느낌은 꿈, 마음에 품은 꿈이었으면 좋겠다는 생각을 했다. 예술을 보는 관점도 개인의 독특한 감각과 느낌에 따라서 다르다. 이러한 감각의 차이는 각자의 삶의 경험, 문화적 배경, 개인의 가치관과 연결된다. 결국 다양성이다. 다양성을 인정하고 너와 내가 진정으로 함께였으면 하는 바람을 해 본다.

착각은 자유

우리는 가끔 자신을 착각한다. 60대 후반, 아니 70대인데도 노인이 아닌 것처럼 착각하곤 한다. 체형은 이미 아줌마 체형으로 바뀐 지 오래되었는데도 아직도 소싯적 시절인 듯 착각하곤 한다. 소위 주제 파악을 못하는 것이다. 그 외에도 우리의 착각은 시시때때로 작동한다. 지하철에서 젊은이가 자리를 양보할 경우에도 노인이 아닌 척 사양할 때도 있고, 누가 나를 크게 "할머니!" 하고 부르면 누구를 부르는 건지, 내가 아닌 듯 어리둥절할 때도 있다.

고등학교 동창인 친구 J는 일산에서 혼자 살고 있었다. 젊은 날 그녀와 그녀의 남편은 아들 둘을 데리고 미국으로 이민을 갔었다. 결코 쉽지 않았던 타국에서의 삶, 남편은 일찍 먼저 세상을 떠나고 아들 둘만 미국에 남겨 놓고 다시 혼자 한국에 왔다. 친정엄마와 둘이 살다가 친정엄마마저 파킨슨씨 병을 오래 앓다가 저

세상으로 가셨다. 친구의 나이 60대 후반이었다.

혼자가 된 후 작은 복도식 아파트로 옮겨서 살았던 그녀는 어느 날, 외출하려고 나가려던 차에 주민센터 직원과 복도에서 마주쳤다. 그 직원은 주민 실태 파악을 위해 주민들의 집을 방문하는 중이라고 했다.

"아주머니, 여기 독거노인이 한 분 사신다는데, 어디 사시는지 아세요?"

"네? 아니요. 여기는 그런 사람 없어요."

"아! 그래요? 여기 한 분 사신다는데…."

"글쎄요. 그런 사람 못 봤는데요."

"네, 알겠습니다."

그 직원은 물러갔고, J는 가다가 가만히 생각해보니 그 독거노인이 바로 자기였다는 것이다. J는 그 얘길 우리 친구들에게 했다. 자기가 착각인지 노망인지 그랬다고 하면서. 지금은 아들들이 있는 미국으로 돌아갔지만, 우리 친구들끼리는 가끔 그 친구 얘기를 하며 한바탕 씩 웃곤 한다.

"오호호., 너무 웃겼어. 다들 자기는 노인 아닌 줄 안다니까."

"그래, 착각은 자유야. 우리도 다 마찬가지일 것이다."

또 다른 친구가 거들었다.

작년 음울하고 을씨년스러웠던 겨울이 물러가고 모처럼 화창한 봄날이었다. 나는 분당의 '로데오 거리'라고 하는 AK백화점 근처 상가가 밀집된 구역을 지나가고 있었다. 보기에는 밝고 화창했지만 봄날의 쌔한 차가움은 여전히 남아 있었다. 봄은 여심의 마음을 흔들어 놓는 것인가. 시선은 자연스레 화장품 매장, 액세서리 매장, 핸드폰 매장, 의류 매장 등등 여기저기를 훑어보고 있었다.

그때 마침 의류 매장에 시선은 머물렀다. 시선을 붙잡은 것은 연보라색으로 Y자 형태로 앞이 트인 짧은 스웨터였다. 언제부터인가 젊은 여성들의 배꼽티가 유행이더니, 여자 옷들의 상의 길이가 짧아졌다. 휘황한 불빛 아래 마네킹에 포근하게 걸쳐진 그 스웨터는 마치 나를 오라고 손짓하고 있는 것 같았다. 색깔도 은은한 보라여서 봄날에 잘 어울렸고, 포근하고 따듯해 보여서 추위를 많이 타는 내게는 안성맞춤이란 생각이 들었다. 들어가서 입어 보았다. 매장 아가씨가 이쁘다고 너무 잘 맞는다고 호들갑을 떨었다. 나도 스웨터를 입고 거울 앞에서 앞으로 보고, 뒤로 보고 했는데, 그때는 이뻐 보였다. 스웨터가 나를 홀렸는지, 아가씨의 바람잡이에 넘어갔는지 아무튼 얼떨결에 나는 그걸 샀다.

집에 돌아와 입어 보니, 그렇게 이뻐 보이던 스웨터가 어쩐지 매장에서 입어 봤을 때의 느낌과는 좀 달라 보였다. 괜히 샀나, 바꿀까 생각하다가 혹시 내가 안 입으면 딸이나 손녀라도 주려고 놓아두었다. 그리고 어느 날 아무래도 돈이 아까운 생각이 들어,

꺼내서 다시 입어 보았다. 그때부터 그 스웨터의 배신은 시작되었다. 허영기 많은 저 어벙한 여자를 붙잡아서 여기를 빠져 나가야지 했는지도 모른다. 마법이 깨지는 순간이었다. 매장에서 나를 향해 손짓하던 것 같은 그 화려함은 빛을 잃고, 야멸차게 내 몸매의 초라한 현주소를 일깨워 주었다. 굵어진 허리며 살짝 나온 배는 짧은 상의 때문에 더 두드러져 보였다. 살짝 두께감이 있어 따듯해 보이던 질감은 나를 더 둔하게 보이게 했다. 그제야 깨달았다. 내 몸매는 생각지도 않고 날씬한 아가씨들이나 입어야 할 옷을 망설임도 없이 덜컥 사다니, '착각도 한참 착각이구나' 하고 결국 손녀를 주고 말았다.

'주제 파악을 하라'는 말도 있고, '착각은 노망의 지름길이다'는 우스갯소리도 있다. 하지만 어쩌면 이런 종류의 착각은 욕망에서부터 비롯된 것은 아닐까 하는 생각을 해본다. 정신분석학자들에 의하면, 욕망은 개인이 결핍이나 부족함을 느끼고 그것을 충족시키기 위해 가지는 강한 욕구를 의미한다고 한다. 노인이 아닌 걸로 착각하는 것은 젊음에 대한 욕구나 젊은 이미지를 유지하고 싶은 욕구일 수 있다. 마찬가지로 아줌마 체형임에도 젊은 여성의 체형으로 착각하는 것은 아름다움과 젊음을 유지하고 싶은 욕구가 아닐까.

"실재처럼 보였지만 베일을 걷었을 때는 그렇지 못한 것, 그러나 대상이 허상이기에 욕망은 남고 욕망이 있는 한 인간은 살아간다."

 프랑스의 정신분석학자 자크 라캉의 말이다.

아이러니

하얀 식탁보를 씌운 식탁이 실내 가운데 우아하게 놓여 있다. 식탁 위에는 예쁜 꽃무늬의 찻잔과 주전자 등이 마치 "여기가 내 자리예요"라는 듯 단정하게 자리 잡고 있다. 한쪽에는 세 명의 아이들이 옹기종기 앉아 있고, 다른 쪽으로는 검정 옷을 입은 아이가 접시를 나르고 있다. 앞치마를 두르고 엄마를 도와 접시를 나르는 앳된 아이는 딸인 듯하다.

평범한 사람들의 식사 시간을 그린 이 작품은 19세기 스웨덴의 여류화가 엘사 백런드 셸싱의 작품이다. 엄마와 아이 넷의 상차림 풍경이다. 19세기 북유럽 사람들의 행복한 일상의 모습을 담고 있다.

지난 3월 마지막 수요일, 아티스트웨이반 회원들은 서울 삼성동에 있는 마이 아트 뮤지엄에 모였다. '새벽부터 황혼까지'라는 주제로 열리고 있는 스웨덴 국립미술관 컬렉션을 관람했다. 이번 전시는 그 미술관이 소유하고 있는 작품 중, 엄선된 작품으로 꾸며졌다 한다. 여러 작품이 있었지만 유독 내 마음에 와서 닿은 그림은 아이들 넷이 있는 식탁 풍경이었다. 다둥이를 둔 다정한 가정을 묘사한 그림이 따뜻하게 다가왔다. 지금 우리나라의 현 상황을 생각케 하는 그림이었다.

근래 우리나라 젊은이들이 아이 낳기를 기피해서 사회문제가 되고 있다. 이렇게 가다가는 나라가 망할 수도 있다고 하며 많은 사람이 걱정을 한다. 아니, 실제로 지금 인구 감소가 현실이 되었다. 지방에서는 아이들이 없어 폐교하는 학교가 늘고 있다고 한다.

한때는 '둘만 낳아 잘 기르자'는 캠페인이 한창인 때도 있었다. 엄마 아빠가 양 옆에서 두 아이 손을 잡고 즐겁게 걸어가는 모습의 포스터도 기억난다. 말하자면 둘만 낳고, 더 이상은 낳지 말라는 것을 권장한 것이었다. 그 영향 때문이었는지 주위를 둘러보면 지인들이 자녀가 둘인 경우가 대부분이다. 내가 아이가 넷이라고 하면 미개인이냐, 원시인이냐 하면서 농담 반 진담 반으로 가끔 친구들로부터 선의의 놀림을 받기도 했다.

그러나 이제는 아이 한 명이 아쉽고 귀한 시대가 되었다. '어린이는 나라의 보배'라는 표어가 새삼 생각난다. 이젠 다둥이가 대접받는 세상이다. 나라에서도 각종 혜택을 준다고 한다. 격세지감을 느끼지 않을 수 없다. 나라의 정책도 언제는 낳지 말라고 하고, 언제는 낳으라고 하고 일관성이 없다. 하기는 다양하고 복잡하며 빠르게 변화하는 현대 사회이다. 앞날을 정확히 예측하기란 쉬운 일이 아니긴 할 것이다.

　취업 포기, 결혼 포기, 아이 포기의 삼포 시대라는 유행어가 생긴 지는 이미 오래되었다. 이제는 새로 태어나는 아이는 점점 줄어들고, 백세시대로 인한 노령인구의 증가로 인구의 균형이 깨지고 있다. 이대로 가다간 나라의 미래가 걱정인 시대에 돌입했다.

　아이들이 태어나서 성장하고, 나름대로 부대끼며 세상을 만들어 가는 것은 사람 사는 세상에서 사람 냄새 나는 따듯한 온기가 있다. 작품에서처럼 요즘 우리나라 가정에서 아이 넷이 있는 가정을 보기란 드물 것이다.

　아이들이 있는 풍경은 미래가 보이고 희망이 보인다. 찐한 사랑이 있다. 고단한 가운데 웃음이 있고 행복이 있다. 조금 전까지도 그들은 싸우고 지지고 볶고 했을지도 모른다. 하지만 가족이 식사할 때만은 다시 모인다. 식탁은 흩어졌던 가족을 모이게 하는 화합의 장소이다. 먹는다는 것은 살아가는 데 필요한 에너지를 얻는 생의 원천이다. 화가는 아이들이 있는 평범한 일상의 모습을 화폭에 담음으로써 그들의 삶을 재확인하고 싶었던 것인지도 모른다.

　19세기와 현대를 비교하면 물론 환경도 많이 변화했고, 나라도 틀려 시대와 공간의 차이는 있을 것이다. 그러나 인간은 사회적 동물이며, 사람과 함께 살아가야 된다는 것은 예나 지금이나 다름이 없을 것이다. 과학의 발전으로 사람들의 삶은 오늘날이 더 편리해졌는데 왜 자꾸만 삭막해지는 걸까? 따뜻한 인간미는 옅어지고 경쟁심만 커지는 걸까? 인간의 이기심 때문인지도 모른다. 일부 젊은이들이 아이를 낳지 않으려 하는 것도, 힘든 것은 하지 않고 피하려는 의도가 깔려 있지 않을까.

요즘 TV 광고에 공감 가는 카피 문구가 하나 있다.

"너 때문에 못 살겠고, 너 때문에 사는 아이러니."

아마 나라에서 아이 낳기를 장려하는 홍보성 광고인 것 같다. 첫 장면은 젊은 엄마 아빠가 밤에 아이를 돌보느라 잠도 못 자 힘들고 괴로워한다. 다음 장면은 엄마 아빠가 퇴근하면서 아이를 보자마자 언제 그랬냐는 듯 씻은 듯 환한 표정으로 행복해 하는 모습이 나온다. 이 장면과 함께 예의 그 문구가 나오는 것을 보면서 귀에 착 달라붙듯 특별한 느낌이 들었다. 힘든 것은 잠깐이고, 아이로 인해 가져다주는 행복이 더 크다는 것을 강조한 말인 것 같다.

'그것을 한마디로 어쩌면 그렇게 잘 표현했을까!'

무릎을 치듯 딱 맞는 문구이다.

나는 이제 나이가 너무 많아 아이를 낳을 수 없으니, 저 그림 속의 아이들 같은 손자손녀와 더불어 식탁을 꾸미고 싶어진다.

4부

꺼진 듯 살아 있는 고향

"내가 열여덟 살에 삽교초등학교에 부임했는데, 아 글쎄, 나한테 5학년 담임을 맡기는구나."

"네, 지금 같으면 고등학생일 텐데."

"그러게 말이다. 지금 생각하면 그 어린 게 뭘 안다고 어떻게 뭘 가르쳤는지, 잘못 가르치지나 않았는지 지금도 가끔 얼굴이 붉어질 때가 있단다."

"엄마, 나 그 얘기 맨날 들었거든요."

"그랬어? 내가 죽을 때가 되니까 자꾸 어렸을 때 살았던 고향 생각이 나는구나."

몇 년 전부터 엄마는 고향, 충청도 얘기를 입버릇처럼 말씀하셨다. 요즘 들어 부쩍 더 자주 하시는 말씀이다.

"내 고향 충청도에 한번 가 봤으면 좋겠다. 죽기 전에 꼭 가 봐야 할 텐데."

말씀하시는 엄마의 눈빛에는 간절함이 담겨 있었다. 엄마에게 고향이란 무엇일까? 그렇게 간절한 것일까? 엄마에게 고향은 삶의 시작이요 자신의 뿌리라는 생각이 들었다. 아니, 엄마뿐만 아니라 우리 모두에게도 마찬가지일 것이다.

엄마는 90대 중반이시다. 삽교초등학교를 졸업하고, 나중에 모교에서 교사로 근무하셨다. 마침 친구분의 딸이 청양에 자그마한 농가주택을 구입해 주말이면 쉬러 간다고 한다. 이번에 친구분이 청양에 갈 일이 생겨서 거기서 며칠 묵으시는 모양이다. 이 기회에 꼭 한번 놀러 오라고 하셨다고 하신다. 친구분은 엄마와 지금까지 연락하고 있는 유일한 초등학교 동기이시다.

엄마가 워낙 연로해서 바깥출입을 못하니 서로 전화만 하고 만나진 못하신다. 친구분과 만날 수 있는 좋은 기회이기 때문에 엄마는 가고 싶어 하셨다. 하지만 나는 망설였다. 코로나19가 진정되지 않는 이 엄중한 시기에 가도 괜찮은 걸까? 여러 가지 불안한 생각에 은근히 걱정이 앞섰다. 그렇지만 이번이 여행으로서는 엄마와 나와의 마지막이 될지도 모른다는 생각이 미치자, 큰맘 먹고 엄마를 모시고 가기로 했다. 또한 내 출생지도 예산이어서 나도 은근히 가보고 싶은 마음도 있었다.

날씨가 너무 맑고 투명하여 마음까지 시려지는 초가을의 어느 날, 엄마와 나는 충청도 청양을 향해 달리고 있었다. 국도를 한참

달려가다 보니, 저 앞에 가을 햇살을 담뿍 받고 있는 출렁다리가 보인다.

'아! TV에서 보던 그 유명한 예당호 출렁다리구나.'

엄마가 그냥 지나치기가 서운하다고 해서서 차를 세웠다. 엄마와 둘이서 셀카도 여러 컷 찍고 벤치에 앉아서 볼을 스치는 시원한 바람을 만끽하며 출렁다리를 바라보았다.

코스모스의 계절 9월인데도 역시 사람은 많지 않았다. 다른 때 같으면 코스모스도 만발한 이 계절에 사람들이 엄청 북적거릴 텐데, 역시 코로나19의 위력은 엄혹했다. 어딘지 모를 쓸쓸함이 배어 온다. 나는 분위기를 바꿔 보았다.

"엄마, 그 얘기 좀 해 보셔."

"무슨 얘기?"

"아, 그 엄마가 맨날 하시는 엄마 연애 얘기."

"첫 부임지가 모교인 삽교초등학교였어. 같은 학교 교사와 첫사랑을 했는데, 집안의 반대로 결혼을 못했어. 각자 다른 사람과 결혼했는데, 그 남자가 일찍 죽었어. 나와 결혼했으면 안 죽었을지도 모르는데."

엄마는 먼 곳을 쳐다보며 기억 저편 아련한 사연을 끄집어내신다. 엄마의 고향이 예산이라서 특히 이곳에 오니 더 감회가 새로우신가 보다. 애잔한 그리움이 남아 있는 듯 평온했던 엄마의 가슴에 엷은 파장이 이는 것이 나에게 전달돼 오는 것 같았다.

예당호 출렁다리의 야경이 너무나 휘황찬란하고 아름답다고, 다녀온 사람들이 입을 모아 얘기하는 소리를 들었다. TV에서도 그 아름다움을 여러 번 소개하는 것을 봤는데, 여기까지 와서 야경을 보지 못하는 것이 못내 아쉬웠다. 우리는 다시 차에 올라 달리기 시작했다. 가도 가도 예당호 물줄기가 우리를 따라오며 그치지 않을 듯 꽤 길었다.

청양에 도착하니, 엄마 친구분과 딸이 집 앞까지 나와서 우리를 맞는다. 엄마와 친구분은 어찌나 반가워하면서 좋아하는지 나이 드서도 친구가 제일이구나 하는 생각이 들었다. 집은 고옥이지만, 앞마당에는 파릇파릇한 잔디가 넓게 펼쳐져 밟을 때마다 폭신폭신했다. 마당이 거의 끝나는 곳, 왼쪽에는 관산정(觀山亭)이란 현판이 달린 정자가 있었다.

"이 정자를 사위가 직접 산에 가서 나무를 베어다가 깎아서 지었다."

신이 나서 엄마 친구분이 자랑하듯 말씀하신다. 뒤꼍은 야생화로 둘러싸여 있고 한쪽에는 옹기 장독대가 있었다. 한 바퀴 둘러보고 우리는 앞마당에 놓인 벤치에 앉았다. 저쪽 텃밭 쪽을 쳐다보니, 화려한 옷으로 단장한 수컷 꿩 한 마리가 혼자 앉았다가 놀란 듯 금방 날아가 버린다.

'짝꿍하고 같이 있지 않아 재미가 없어 그냥 가버리나?' 하는 생각을 하니 엷은 미소가 지어진다. 마당에 자그마한 소나무가 세 그루, 소담한 수국이 몇 그루, 찔레꽃이 몇 무더기, 바닥에는 이름 모를 자잘한 야생화가 깔려 있었다.

엄마는 멀리 앞산 쪽으로 시선을 맞추신다.

"고즈넉하고 한적한 시골 풍경을 마주하니 세상만사가 아득하게 느껴진다. 이런 데서 살면 얼마나 좋을까? 더구나 충청도 내 고향이라 더 좋구나."

엄마는 코로나19도 잠시 잊은 듯 소풍 나온 초등학생처럼 설레는 모습이시다. 더구나 고향에서 그 시절에 코 흘리며 같이 학교를 다녔던 친구분과 함께하니 더욱 감회가 새로우셨나 보다. 엄마와 친구분은 우리가 친구들과 수다 떨듯이 그 옛날 초등학교 친구들에 대해서 '누구는 어떻고 누구는 어떻고' 하면서 끝없이 이야기를 나누신다.

다음 날 아침식사 후, 우리 네 사람은 친구분 따님 차로 충남의 알프스라고 부르는 그 유명한 칠갑산에 갔다. 우리가 탄 차는 어느덧 울창한 나무 속을 달리고 있었다. 길 양옆에는 초록 옷을 입은 나무들이 빽빽하게 서 있었다.

"참 좋다, 참 좋다. 우리나라 곳곳이 안 좋은 곳이 없다."

엄마는 감탄을 연발하신다.

"아이구, 내가 이거 안 보고 죽었으면 얼마나 억울할 뻔했겠냐?"

"그전에는 주목받지 못한 산간 지역이었는데, 지금은 풍치지구로 관광의 명소가 되었지. 지방자치단체마다 경쟁적으로 자기 고장을 가꾸어서 그런 거지."

엄마 친구분이 한 말씀 하신다.

"가을 경치뿐 아니라, 여기가 봄 벚꽃철에는 벚꽃 터널이에요."

친구분 딸이 거든다.

그다음 날은 서울로 올라오는 날이어서 아침밥을 먹고 차에 올랐다. 가는 길에 엄마의 모교이자 근무지였던 삽교초등학교를 둘러보기로 해서 서둘러야 했다. 엄마 친구분과 그 따님의 따뜻한 마음을 뒤로 한 채.

청양에서 삽교까지는 가까운 거리는 아니었다. 뒷좌석에 앉아 계시던 엄마가 그 먼 옛날 그때의 기억이 또 떠오르시는지 다시 삽교초등학교 때 얘기를 시작하신다.

"나 처음 5학년 담임 맡았을 때 그때 반장은 21살, 나보다 세 살이나 위였는데 그래도 김장철에는 선생님 댁 김장해 드린다고 우리 집에 와서 하루종일 일해 줬어. 가끔 그때의 그 반장 생각이 나는구나."

엄마의 고향 시절 얘기를 또 들으며, 한참을 달려 드디어 삽교 시내에 도착했다. 다른 곳은 그만두고 삽교초등학교부터 먼저 찾았다.

"내가 근무할 때는 예산군에서 예산초등학교 다음으로 큰 초등학교였다. 교사(校舍)도 크고 진입로도 길고 넓은 그럴듯한 교사였는데, 지금 내 앞에 보이는 교사는 그때의 반도 안 되는구나. 그 넓던 운동장이 일부는 밭이 되어 많이 좁아졌구나."

농촌에 젊은이가 점점 없어져 초등학교 다닐 아이들이 해마다 줄어든다는 언론 보도가 생각났다. 하지만 어쩌면 엄마의 기억 속에 있었던 것과 지금 현실의 사이에는 감각의 차이가 있는 게 아닐까 하는 생각도 들었다. 어린 시절에는 보이는 세상이 다 크고 넓어 보였는데, 지금 보니 어렸을 때 보았던 것이 아주 작게 보이는 그런.

어쨌든 엄마의 말년에 엄마의 소원이셨던 고향에 함께 올 수 있어 덩달아 즐거웠고 짐을 하나 내려놓은 것처럼 홀가분했다.

"그래도 엄마, 그렇게 오고 싶었던 고향도 와 보고 엄마 모교도 왔으니 소원 풀으셨네."

"암, 그렇고 말고. 이젠 원도 한도 없다."

엄마의 고향을 둘러보니 저세상으로 떠난 아빠 생각이 절로 난다. 아빠의 고향은 북녘 땅인데….

지금도 가볼 수 없는 고향 땅을 그리워하는 사람들이 주말이면 판문점 '자유의 집' 근처 철조망을 붙잡고 멀리서나마 고향을 바라보고 있다고 한다. 고향에 갈 수 있을 때 아무 때나 갈 수 있는 우리도 이렇게 고향이 그리운데, 북쪽에 고향을 둔 실향민들은 얼마나 고향이 그리울까? 나도 머나먼 기억 뒤편 어릴 적 살던 곳, 그 시절 친구들이 나의 삶 속에 녹아 있어 그때의 일들이 늘 내 머릿속 한구석에 자리 잡고 있다.

우리들 마음속에 살아 있는 고향. 고향은 내가 태어난 곳, 우리에게 꺼지지 않는 불로 남아 있구나. 영원한 안식처, 엄마의 고향 삽교.

새벽 별로 뜨는 그대 영혼

하얗게 밤을 지새운 새벽녘, 잠은 포기하고 핸드폰의 유튜브 뮤직을 터치한다. 나는 가끔 〈콜로라도의 달〉 노래를 듣는다. 이 노래는 미국 서부 개척 시대의 민요로, 살기 위해 고향을 떠나온 미국인들이 향수에 젖어 불렀다고 한다. 콜로라도의 달 밝은 밤길을 홀로 걸어가고 있는 나그네의 쓸쓸함을 아름답게 묘사하고 있다.

"콜로라도의 달 밝은 밤은, 마음 그리워 저 하늘~ 콜로라도의 달 밝은 밤은, 물결 위에 비치네~."

밤을 잊은 나에게 딱 맞는 '밤을 잊은 명곡' 중에 있는 강정석 님의 색소폰 연주로 기억된다. 주위는 모든 것이 멈춘 듯 고요하기만 하고 불을 밝힌 적막한 방 안, 구슬픈 색소폰 소리에 내 영혼이 빠져든다. 눈을 감고 의식 없는 먼 나라로 가고자 안간힘을 쓰고 뒤척이며 지쳐 있던 나. 색소폰 선율이 묘하게 나를 안정시키고 새벽 별, 알 수 없는 먼 나라로 두둥실 상상여행을 한다.

서른 살 젊은 나이에 별이 된 아버지, 생사를 모르는 아버지지만 내 마음속에서는 그때 이미 별이 되었다. 〈콜로라도의 달〉 이 노래가 바로 아버지의 애창곡이었다고 한다. 언젠가 고모로부터 전해 들은 이야기이다. 그 시대에 이 노래가 유행이었나 보다. 아버지에 대한 기억이 전혀 없는 나에게 이 노래는 아버지와 나를 이어주는 연결고리, 끈 같은 것이었다.

아버지의 고향은 함경도 함흥이다. 함흥고보 졸업반 때, 항일 독립운동으로 투옥되어 5년 언도 받고 4년간 옥고를 치른 다음 해방되어 풀려났다고 한다. 6·25전쟁 전, 남으로 내려왔고 남에서 군 지도자 양성을 위해 만든 군사영어학교를 나와 대한민국 육군 소령이 되었다. 그리고 그 당시 엄마와 결혼했다고 한다.

그러나 혼란기에 직속상관인 연대장이 남로당원이었다고 한다. 부연대장이었던 아버지는 상관인 연대장의 영향으로 남로당에 가입, 그 후에 연대장은 총살을 당했고, 조직에 들어만 가고 활동은 안 했던 아버지는 단순 가담자로 비교적 죄질이 무겁지 않아 총살은 면하고 불명예제대를 당했단다. 왜 그랬을까? 왜 그랬을까? 나라의 독립을 위해 4년간이나 옥고를 치르고도 그 대단한 일을 했음에도 이념의 희생자가 되어 버린 아버지.

군 제대 후 먹고 살기가 힘들었던 아버지를 인간적으로 안타깝게 생각했던 모 장군이 7월달에 군에 다시 복귀하라는 언질까지 받았던 상황이었단다. 그랬던 그를 운명이 갈라놓는다. 세계사에 유래없는 동족상잔의 비극, 6·25전쟁이 그 한 달 전 6월에 터져 버린 것이다. 그리고 순식간에 남과 북으로 갈라진 나라. 그리고 우리의 가족들, 아버지, 어머니, 형제가 서로 총부리를 들이대고 죽이고 친구를 이웃을, 형이 동생을, 동생이 형의 가슴에 총부리를 겨누는 끔찍한 이념 전쟁의 나라로 바뀐 것이다.

7월에 군에 복귀하려는데, 6월 25일 새벽에 그 전쟁이 난 것이다. 그로부터 얼마 후 아버지는 행방불명, 내가 세 살 때 엄마의 품에 안겨서 문밖으로 바쁘게 나가시는 아버지를 향해 '빠이빠이'를 하고는 그것으로 끝이었단다. 어느 날 갑자기 연기처럼 사라져 버린 아버지.

엄마의 말에 의하면, 아마도 남로당 가입의 전력으로 이쪽인지 저쪽인지 갈피를 못 잡고, 자의인지 타의인지 모르겠지만 어느 편에 서게 되었다가 행방불명이 된 아버지. 해방 후 좌·우파의 갈등으로 우왕좌왕 혼란에 빠진 수많은 젊음들.

6·25 전쟁사 기록에 보면 초기에 인민군들은 낙동강 전투에 많이 투입, 거의 총알받이가 되었다고 한다. 최후의 보루선인 낙동강 혈전에서 남한군은 일만여 명, 북한군은 일만 칠천오백 명의 사상자를 내었다고 한다.

추측건대 약관 삼십 세에 산화, 거기로 가지도 못하고 여기로 오지도 못했을 아버지. 어느 별에서 안주했을까? 우리나라에서 태어난 죄, 불행한 남자, 과도기의 희생물. 오로지 살고자 했던 젊은 그들의 혼란. 정처를 정할 수 없는 영혼들. 역사 속에서 그들을 단죄할 수 있을까? 누가 누구를 단죄한단 말인가? 엎치락뒤치락, 이긴 자의 몫인 힘의 논리. 울컥 가슴으로부터 무언가가 목구멍에 치밀어 오르는 듯하다.

6·25 전에 여기 남한에 계시면서도 늘 고향을 그리워하고 북에 남겨두고 온 아버지와 형을 잊지 못했다고 하는 아버지. 북에는 아버지와 형·여자 형제들, 남에는 어머니와 여동생 둘·젊은 아내와 세 살 난 딸. 그는 어느 편이었을까, 진정 그는 어디로 가고 싶었을까. 그리고 어디로 갔을까. 그 영혼은 어디서 떠돌고 있을까?

깊은 상처와 한으로 점철된 이념의 희생자인 엄마. 요새 같으면 꿈을 향해 시작해 볼 24살 젊은 나이. 시작도 하기 전에 어린 두 자식과 늙은 어머니 둘을 어깨에 짊어져야만 했던 엄마. 공산주의라면 평생 치를 떨고 자다가도 놀라는 나의 늙으신 엄마. 남편은 저쪽, 아내는 이쪽. 아무 말 없이 사라진 그 '칠십 년'이 지난 지금도 하루에도 여러 번, 매일 매일 입버릇처럼, "나쁜 놈, 나쁜 놈! 바보, 바보!"를 외쳐대는 엄마.

그 후의 삶이 얼마나 힘난했으면, 강산이 변한다는 십 년이 몇 바퀴나 돌았는데도 아직도 삭히지를 못하고 계신 것일까? 그 당시 연좌제 때문인지는 몰라도 취직이 안 돼 먹고 살기 위해 호적까지 바꿀 수밖에 없었다는 엄마. 이제는 워낙 연로하셔서 몸이 아이처럼 왜소하게 쪼그라든 엄마. 엄마 방, 문을 열고 들어가 꼬옥 안아드리면 순간이나마 위안이 될까?

오늘따라 울컥, 몹시 가여워진다. 가족에게 그렇게 나쁜 남편, 나쁜 아버지가 되어 버린 아버지. 누군가에게 소리치고 싶다. 이런 게 이념이냐고, 이념이 무엇이냐고, 누구를 위한 거냐고. 이 나이를 먹었어도 나는 아직도 그런 거 모르겠다. 이념이 사람을 더 잘 살게 하고 더 좋은 세상을 만들고자 하는 것인지, 싸움만 하고 반대파를 죽이자고 하는 것인지. 과연 지금까지도 인간들이 무슨 일들을 하고 있는 것인지.

내 남동생은 유복자다. 아버지가 행방불명되었을 때 엄마 뱃속에는 두 달 된 아기가 있었다. 아버지는 아들의 존재를 모른 채 증발해 버렸다.

초등학교 때 나는 말이 없는 아이였다. 친척 아저씨가 "너, 벙어리냐?"에 울어버린 적도 여러 번 있었다. 소극적 성격으로 음악 시간에 노래를 하지 않아, 담임선생님이 짐작으로 성적을 줬다는 에피소드도 있다.

회초리를 든 엄마 앞에서 울음을 참느라 이를 악문 아이처럼 나는 이를 악물어 본다. 〈콜로라도의 달〉을 접하게 되면 뇌릿속에 감춰졌던 기억의 조각이 다시 꺼내지듯 아버지 생각이 나고 아버지 생각을 하면 〈콜로라도 달〉이 저절로 생각이 나는 것을 어쩔 수 없다.

　한국에서 뜨는 모든 밝은 달은 나에게는 '콜로라도의 달'로 뜬다. 초승달이건 그믐달이건, 아버지의 추억은 그것뿐이므로. 아버지가 가고 싶어 했던 곳, 고향. 미국의 서부 개척자들이 황금을 찾아 달 밝은 밤 콜로라도강 어딘가를 걸어가던 그것처럼. 아버지는 달빛이 흐르는 고향 땅 어딘가의 하늘 위에서 젊은 그 모습 그대로 밤새도록 홀로 서성이고 있지는 않으실까? 서성이다 서성이다 혹시나 문득 두고 온 아내와 딸을 못 잊어 새벽녘, 혼이라도 이쪽으로 발길을 돌리시지나 않으실까? 아버지의 이 모습 저 모습을 상상해본다.

　창문을 열고 새벽 하늘을 올려다본다. 반짝반짝 빛을 내며 잠 못 이루는 나를 내려다보고 있는 유난히 맑고 밝은 새벽 별, '콜로라도의 달 밝은 밤은~' 내 가슴에 애수 어린 색소폰 선율이 유유히 흐른다. 내 아픔을 품은 가슴을 두드린다.

죽기 살기로 간다

 캄캄한 밤하늘 위로 빨강 불빛이 반짝이며 가고 있다. 내가 사는 아파트의 바로 위가 여객기가 다니는 정기항로인 것 같다. 낮에는 새처럼 날개 달린 은빛 기체가 창공을 가르며 날아간다. 여객기 안에는 외국에 사는 자녀를 만나러 가는 사람, 사업을 위하여 가는 사람, 공부를 위하여 유학을 떠나는 학생, 외국으로 이주하는 사람, 관광 목적으로 여행을 가는 사람 등등, 저마다의 다양한 목적을 가지고 앉아 있을 것이다. 그중 아마 가장 많은 사람이 여행을 가는 사람들이 아닐까.
 비행기의 등장으로 우리는 가고 싶은 곳을 지구상 어디든지 빠른 시간에 갈 수 있게 됐다. 땅에서 뚝 떨어져 높은 공중을 새처럼 나는 물체에 자신의 인생과 육신을 맡기고. 비행기를 타 보지 못한 어린 시절에는 비행기 타 보는 게 소원이었다. 꿈이었고 선망이었다. 폭음을 내며 푸른 하늘 위를 가고 있는 비행기를 보며 많은 것을 상상했다. 저 속에는 어떤 사람들이 타고 있을까? 어디를 가고 있을까, 내가 가고 싶은 곳은 어디인가도 생각해 봤다. 언제쯤이면 내가 가고 싶은 곳을 갈 수 있을까도 생각하며, 미지의 세계에 대한 공상의 나래를 폈다. 그러다 문득 비행기가 떨어지면 어쩌나 하는 괜한 걱정을 하기도 했다.

언제부턴가 해외여행 붐이 일기 시작했다. 국민소득이 높아지면서 너도나도 그 대열에 합류했다. 나도 예외는 아니다. 다른 세계로의 호기심과 가족이나 마음 맞는 친지들과의 여행의 즐거움을 어찌 포기할 수 있으랴. 여행지가 정해지고, 준비하는 기간은 선보기 전의 신부처럼 설렘이 가득하다.

나는 고소공포증이 있다. 높은 곳에 올라가면 다리가 후들거리고 안정이 안 된다. 사는 곳도 높은 층의 아파트는 로얄층이라도 별로다. 더구나 밑이 휑 뚫린 허공일 때는 극도로 불안해진다. 내가 살면서 가장 잊혀지지 않는 난감했던 기억은 남편과 도봉산 등산을 갔을 때이다. 거의 산꼭대기 부분까지 갔을 때, 건너편까지 가려면 철로 만든 다리를 건너야 하는 지점이 있었다. 철로 얼기설기 만들어져 흔들거리기도 하고 밑이 훤히 보여 천길만길 그 아득함이 더 무서웠다. 한 발만 잘못 디디면 그대로 떨어질 것만 같았다.

멋모르고 남편을 따라갔지만 만약에 그런 데가 있는 줄 알았다면 난 애초에 가지 않았을 것이다. 가지 않겠다고 앙탈을 부려 봤지만, 그 좁은 길, 뒤에서 밀려오는 사람들 대열에서 피할 방법은 없었다. 밑을 보면 까마득한 낭떠러지라 정신이 혼미해질 지경이지, 앞서가는 사람들은 주저 없이 직진하고 있다. 오지도 가지도 못하고 주저앉고만 싶었던 그때의 그 심경이 지금도 또렷하다. 결국 건너긴 했지만, 그 이후 다시는 산에 안 간다.

가끔 TV에서 중국의 유명 관광지 '장가계' 관광을 방영할 때 나오는 풍경이 생각난다. 깊이를 알 수 없는 까마득한 낭떠러지, 보기조차 두려운 산속의 유리 다리 위, 투명하게 밑이 내려다보여 더 몸이 오그라들 것만 같다. 발걸음을 떼는 사람들의 모습이 가지각색이다. 무서워 쩔쩔매며 가는 사람, 아예 두 손으로 난간을 잡고 바들대며 금방 울 것만 같은 여자, 그것을 보고 낄낄대며 웃는 사람, 연인인 듯 두 사람이 손을 꼭 잡고 한 걸음 한 걸음씩 발을 떼는 사람, 속으론 두려워 떨면서도 아닌 척 허풍을 떠는 사람, 하기야 진짜 무서워하지 않는 사람들도 더러는 있겠지만.

아무튼 그런 아찔한 여행은 내게는 전혀 매력이 없다. 나이아가라 폭포에 갔을 때도 캐나다 쪽에서 헬리콥터를 타고 공중에서 폭포를 내려다보며 그 장관을 구경하는 프로그램이 있었는데, 나는 그것을 타지 않았을 정도다. 비행기는 어쩔 수 없이 타고 갔지만 헬리콥터를 타는 것은 도저히 내키지 않았다.

아이러니하게도 그래도 비행기 여행은 어쩔 수 없었다. 방법이 없지 않은가. 여행이라는 즐거움을 몽땅 포기할 수는 없지 않은

가. 여행은 가고 싶고 비행기는 무섭고, 그렇다고 안 갈 수는 없고, 할 수 없이 큰 용기를 내서 비행기를 탄다. 하지만 막상 비행기에 탑승하면 내심 역시 두려움을 감출 수가 없다. 좌석에 앉으면 마음을 차분히 가라앉히려고 노력하고 되도록 신경을 쓰지 않고 분산시키려 애를 쓴다. 괜히 좌석 앞쪽 사물함에 있는 책자나 홍보물 따위를 뒤져서 훑어보거나 쓸데없이 자세히 읽어보기도 한다.

그러나 비행기 엔진이 위~잉 소리를 내며 힘차게 돌아가고 승무원의 안내 멘트가 나와 이륙 준비를 하기 시작하면 그 불안한 마음을 또 떨쳐버릴 수가 없다. 조마조마한 마음으로 마음속으로 하나님께 빈다.

'이륙을 잘해야 할 텐데, 잘하게 해 주세요.'

어느 여행지를 가더라도 타는 순간부터 목적지에 도착할 때까지 비행기는 이륙할 때와 착륙할 때가 가장 위험하다고 한다. 나는 한잠도 못 잔다. 간혹 난기류를 만나 비행기가 흔들리기라도 하면 암벽 위에 꽂은 자일을 잡은 것처럼 팽팽한 긴장감을 한순간도 놓지 못한다. 오금이 저리고 온몸이 빳빳해진다.

사실 따지고 보면 비행기 사고는 지상에서의 다른 어떤 사고보다 확률이 낮다고 한다. AP통신사가 미국 연방교통안전위원회(NTSB)의 사고 데이터를 분석한 자료에 따르면, 테러 등을 제외한 전 세계 상업용 비행기 승객 1억 명 당 사망자 수는 약 2명에 불

과하다. 1960년대 약 133명에서, 2000년대 초반 약 20명에서 이만큼 줄어든 것이라고 한다. 눈부신 과학의 발달이다.

  그런데 나는 무엇이 무섭단 말인가, 도대체 무엇이 두렵단 말인가, 스스로 자문자답한다. 죽는 것? 누구나 다 죽는다. 한 번은 다 죽는다. 어떤 사람은 말한다. 비행기 사고는 한순간에 죽으니까 고통을 덜 느껴서 괜찮을 거라고. 더구나 보험 보상까지 나와서 자식들한테 도움이 되니 그것도 좋은 일이라고. 그것도 그렇겠다 싶어 마음을 달래 보지만 그렇다고 한순간에 그 두려움이 딱 떨어지는 건 아니다. 지상에서 뚝 떨어져 허공에 있다는 것, 유사시 구조될 수 없다는 불안감, 아직은 할 일이 남아 죽기는 억울하다는 등등의 삶에의 집착(?) 때문인가.

  '세계테마기행'이란 TV 프로에서 내가 갔던 여행지가 나오면, 그때 그 장소를 떠올리며 추억에 젖곤 한다. 다람쥐 쳇바퀴 돌듯 하는 일상에서의 탈출, 복잡한 모든 것을 일단 내려놓고 잠시의 행복한 들뜸, 수많은 볼거리와 사람들, 함께했던 사람들과의 그 정겨웠던 기억을 떠올리며 상상 이동을 해보는 재미도 쏠쏠하다.

  비행기를 탈 때마다 초청도 하지 않았는데 예외 없이 따라붙는 고소공포증을 떨쳐버리기가 어렵다. 나의 이 유약함을 어찌할꼬! 그럼에도 불구하고 내가 기회만 되면 죽기 살기로 여행을 가는 것은, 여행은 세 가지가 좋다고 한다. 가기 전 설레서 좋고, 가면 즐겨서 좋고, 갔다 오면 추억이 있어서 좋다고 한다. 이것이 고소공포증을 감수하고라도 가야 하는 뿌리칠 수 없는 유혹일 것이다.

엄마는 왜 비틀거렸을까

　친구가 인사동에서 개인 그림 전시회를 한다. 고교 동창 친구 몇몇이 만나서 같이 가자고 했는데, 나는 미리 서둘러 집을 나왔다. 나름대로 생각이 있어서였다. 오랜만에 청계천을 한번 거닐어보고 싶었다. 세월에 묻혀버린 내 유년 시절과 우리 가족의 삶이 거기에 녹아 있었기 때문이다. 빛바랜 사진처럼 희미해져서 잊고 살 때가 많았지만 가끔은 문득문득 뇌리에 되살아난다. 어젯밤 갑자기 아픈 상처로 남은 엄마의 그 사건이 떠올랐다.

　내가 초등학교 6학년 때였던 것으로 기억된다. 중학교 시험을 앞두고 있어서 엄마는 나에게 과외공부를 시켰다. 나는 을지로 입구에 있는 청계국민학교를 다녔고 남산국민학교를 다니는 남자아이들이 둘 있었다. 지금은 초등학교라고 하지만 그때는 국민학교라고 했다. 왜 그랬는지는 모르겠는데, 그 남자아이들이 꼭 우리 집에 와서 나를 데리고 갔다. 지금 생각하면 우리 엄마가 사이좋게 놀라고 같이 다니라고 하지 않았나 하는 생각도 든다. 호기심 많은 그 나이 또래의 남자아이들이 여자아이랑 같이 다니는 게 신이 났던 것이 아닌가 싶다.

그 아이들이 올 시간이 되어 나는 과외 갈 준비를 하고 있었다. 막 나가려는 참이었는데, 집으로 들어오시는 엄마와 마주쳤다. 아! 그런데 엄마가 이상했다. 좀 비틀거리는 것 같았다.

"엄마!" 하고 부르며 달려가다가 주춤했다. 엄마는 얼핏 나를 본 것 같았는데 알 수 없는 희미한 눈빛으로 쳐다보다 이내 눈을 내리깔며 허공에 대고 손사래를 쳤다.

"할머니, 할머니 나와 보세요."

할머니가 나오시고 영문을 모르는 나는 엉거주춤 하고 서 있자, 외할머니가 엄마를 붙잡으며 나보고 빨리 공부하러 가라고 했다. 친구들이 기다린다는 생각이 미치자 떨어지지 않는 발걸음을 떼었다. 엄마가 술을 잡수셨나 하는 생각을 했던 것 같다. 나중에 알고 보니 엄마는 그때 자살을 시도했던 것이었다.

충남 예산이 고향인 엄마는 18세에 초등학교 교사가 되어 5학년 담임을 맡으셨단다. 그 후 군산초등학교로 전근되어 거기서 육군 소령이었던 아버지를 만나 21세에 결혼을 하였다. 씻을 수 없는 민족의 비극, 육이오 전쟁으로 아버지가 행방불명이 되었다. 그때 엄마에게는 남동생과 나, 아이 둘이 딸려 있었고 설상가상으로 몰락한 친정의 친정엄마와 아들 잃은 시어머니까지 혹이 넷이나 달려 있었다. 엄마의 나이 스물넷이었다. 엄마는 먹고살기 위해 다시 고향으로 내려가 교사로 근무하였다.

하지만 젊디젊은 나이에 홀로 된 여자에게는 세상이 만만치 않았다. 동료 남자 교사들의 유혹과 근거 없는 오해로 인해 불미스러운 일이 일어나고 해서 견디기가 어려웠다고 한다. 그때 엄마는 이대로는 안 되겠다 결심하고 공부를 더 하기로 다짐했다. 서울로 올라와 S여대에 입학해 낮에는 학교, 새벽과 밤에는 가정교사로 일과 공부를 병행했다. 다행히 성적이 좋아 등록금 면제, 장학금 등으로 공부하면서도 근근히 생활해 나갈 수 있었다.

그러나 대학 졸업 후 또다시 위기가 왔다. 우연히 알게 된 변호사가 똑똑하다고 사법고시 공부하기를 권유했다. 공부라면 자신 있었던 엄마는 그때부터 사법고시 공부를 했다. 제2의 황윤석 판사가 되겠다고 다짐했다. 황윤석 판사는 그 시대의 유명한 우리나라 최초의 여자 판사이다. 나중에 젊은 나이에 일찍 사망하여 그 사건으로 매스컴에 크게 오르내렸던 여성 법조인이다. 젊었을 때의 엄마는 무모하리만치 공부에 집착했고 자신감이 넘쳤던 것 같다. 그 당시 사법고시는 무척 어렵기도 했다고 한다. 결국 세 번 떨어지고 나서 자살을 시도했던 그 사건이 난 것이다.

청계천변 거리에는 양옆으로 커다란 빌딩들이 즐비하고, 카페며 음식점, 학원 등 지금의 청계천 풍경은 너무나 바뀌어 있어 그때의 모습은 흔적도 없다. 역사 속에 묻혀버린 1960년대의 청계천은 도시 빈민들이 많이 살았었다. 전쟁으로 빈민들이 많이 양산되어 먹고살기 위해 다양한 사람들이 모여들었다. 주거지이면서 잡화점인 판자집들이 즐비했고 청계천변을 따라 노점상을 하는 사람도 많았다. 아무 재산 없이 혼자가 된 엄마도 경제적으로 어려운 것은 마찬가지였다. 그나마 우리는 그 동네에서 드문 기와집에서 세를 살았다.

청계천3가 우리가 살던 집에는 더 나은 미래를 꿈꿨던 내 엄마의 처절했던 젊은 날의 몸부림이 있었다. 엄마가 그 세월을 어떻게 견뎠는지, 어떻게 헤쳐 나왔는지 지금도 나는 다 알 수 없지만 생각하면 아득하기만 하다. 청계천을 지날 때면 언제나 젊은 날의 엄마 모습이 떠올라 찡하니 가슴이 아려온다.

이제 엄마는 하늘나라로 가셨는데, 우리가 살던 기와집이며 동네의 천막들도 아무 흔적 없이 사라진 청계천…. 그 청계천이 부활(?)하여 맑은 냇가가 되어 흐르고 있으니 인생은 무상, 자연은 유구하다고나 할까.

세상에서 가장 무서운 것

오늘도 TV 뉴스가 사건 사고로 시끄럽다. 그중에서도 제일 먼저 눈에 띄는 것이 있다. 세상에나! 슈퍼마켓에서 장 보고 오는 40대 여성을 20대 남성이 승강기에서 둔기로 무차별 폭행을 했다는 것이다. 아무 일면식도 없는 모르는 사람이었다는 것이다. 또 언젠가는 어떤 사람이 택시 기사를 죽였는데, 그 사람이 자기의 전 여자친구도 죽였다는 뉴스 보도도 있었다. 스토킹 범죄나 묻지마 폭행이 그치질 않는다.

이 나이에 말하기 부끄러운 사실이지만 나는 겁쟁이다. 다시 말하면 겁보다. 고소공포증도 심하고 밤에 집에서 혼자 있기가 싫다. 나를 잘 아는 딸이 엄마는 "뭐가 그렇게 무섭냐"고 묻는다. 자기는 혼자면 '내 세상이다' 하고, 너무 편할 것 같단다. 사람이 무섭지, 다른 건 하나도 무서운 것이 없단다. 어쩌다 늦은 밤 홀로 귀가할 때 인적이 드문 골목길, 마주 오는 사람이나 바짝 뒤에 오는 사람이 있으면 온 신경이 곤두서고 극도의 공포로 몸이 뻣뻣해진단다.

그런데 나는 사람보다 남들이 알면 웃을지도 모르겠지만 귀신, 뭐 그런 것이 무섭다. 보이지 않는 미지의 세계가 두렵고 어둠도 싫다. 그래서 나는 공포 영화나 드라마를 절대 안 본다. 집에서 혼자서는 잠을 잘 못 잔다. 이런 얘기를 친구들한테 하면, 자기도 집에서 혼자서는 못 잔다는 친구도 더러는 있다. 나 같은 겁보도 없는 건 아닌 모양이다.

사실 우리 때는 귀신 얘기가 많았다. 비 오고 우중충한 날, 학교가 파한 후 친구 집에 모여서 친구 언니의 귀신 얘기에 무서워 덜덜 떨면서 들었던 생각이 난다. 친척 집 시골에 가면 화장실이 바깥에 있어 할머니를 앞에 세워 놓고 화장실을 갔던 기억도 있다. 아무튼 그때는 귀신 얘기도 많았다. 처녀귀신, 몽달귀신, 변소간 귀신 등. 내가 무서움을 타는 건 그때의 영향도 있는 것 같다. 또 집안 내력도 있다. 우리 친할머니가 그랬다고 하고, 친정 고모가 그렇다. 외가 쪽은 정신이 담대하고 대찬데, 친가 쪽이 단단하지 못한가 보다.

우리가 두려워하고 무서워하는 대상은 사람마다 각자 다를 수 있다. 전쟁, 폭력, 귀신, 죽음, 아픔 등등. 어느 수필집에서 읽었는데, 작가가 사람들이 가장 무서워하는 것이 무엇인지 궁금해서 검색해 보았단다. 배고픔, 폭력, 전쟁, 갑질, 망각, 세치 혀 등등 별별 답들이 다 나왔지만, 그 중에서 '사람'이라고 대답하는 사람이 가장 많았다고 한다.

  사람이 가장 무서운 세상, 사람이 타살을 당했을 경우도 배우자가 첫 번째 용의자라고 한다. 한때는 지극히 사랑했을 사람이 뒤돌아서면 가차 없이 냉정해지는 경우이다. 섬뜩하지 않을 수 없다. 스토킹 범죄, 묻지마 범죄도 근절되지 않는다. 과학은 날로 발전하고 사람들마다 더 좋은 세상을 만들기 위해 머리를 짜내고 있고 정치 지도자들도 좋은 세상을 만들겠다고 저마다 외치며 다짐을 하고 있건만 범죄는 더욱 기승을 부리고 있다. 워낙 복잡다단한 현대 사회이다 보니 더 좋은 세상을 향해 가고 있는 것인지는 모르겠다.

  이제 손녀들이 조금 더 크면 남자 친구를 만나고 연애를 할 것이다. 좋은 시절이구나 싶고 축하할 준비가 돼 있다. 관심도 가지게 되고 은근히 대리 만족하는 재미도 있을 것 같다. 젊은 청춘들로 피어나게 될 그녀들이 부럽기도 하다. 헌데, 내심 미리 걱정이 앞서는 건 요즈음의 세태와 무관치 않다.

  어디 손녀들뿐이겠는가, 남녀노소 누구도 언제 어디서 무슨 일을 당할지 장담할 수 없다. 불안한 마음이 앞서다가도 그래도 세상은 잘 가고 있고 살 만한 세상인데 나의 부정적 생각이 너무 지나친 기우는 아닐까, 혼란스럽기도 하다.

 무서워하는 대상도 시대에 따라 달라지는 것이 아닌가? 지금의 젊은 세대들은 귀신을 별로 무서워하지 않는 것 같다. 귀신도 희화화되어 옛날의 으스스한 귀신과는 다른 경우도 많다. 심지어는 어떤 만화나 드라마, 영화에서는 귀신과 같이 살기도 하고 도깨비와 연애도 한다.

 우리가 가장 두려워하는 공포의 대상은 결국 죽음인데, 요즘은 귀신 때문에 사람이 죽었다는 경우는 없다. 사람 때문에 사람이 죽었다는 경우는 있어도. 확실히 사람이 무서운 게 맞는 것 같다. 비실질적인 존재를 무서워하는 막연함보다는 실제로 일어나고 있는 사람의 잔인성이 더 현실적 무서움으로 다가오는 모양이다.

'분당인생학교'에 다니는 이유

 '분당인생학교'에 다닌 지 2학기째이다. 인생학교는 영국의 U3A(University of the 3rd Age)를 모델로 해서 2013년에 개교한 시니어들의 학교이다. 배움과 봉사를 추구하는 경기도에 등록된 비영리 단체이다. 인생학교에 대한 이야기는 친구로부터 들어서 알고 있었다. 하지만 그때에는 대수롭지 않게 생각하고 흘려버렸다. 어느 날 글쓰기 모임에서 또다른 사람에게서 인생학교에 대한 이야기를 들었다. 학교의 좋은 점들을 부각시켜 말했기 때문에 내게 인상 깊게 다가왔다. 그 순간 '가봐야 되겠구나. 뭔가 내게 도움이 될지도 몰라' 하는 생각이 들었다. 타이밍이 맞아야 된다는 말을 많이들 하는데, 아마 내게는 그때가 타이밍이었나 보다. 내가 어떻게 살아야 진정 행복할까를 고민하던 시기였다.
 '현명한 사람에게 노년은 황금기'라고 누군가 말했다. 내일 죽을지라도 사과나무를 심어야 했다. 나는 갑자기 조급해졌다. 다음날 바로 인터넷으로 분당인생학교 사이트에 들어가서 알아보기 시작했다. 나는 배고픈 사람처럼 채우지 못해 안달이고, 정주하지 못한 사람처럼 늘 서성댄다. 그런 내게 도움이 될 수 있는 강좌가 있나를 살펴보았다. 인문학적 소양을 쌓을 수 있는 몇몇 강좌가 있었다. 바로 신청했다.

지금 내가 분당인생학교에 다니는 이유는 세 가지이다. 첫 번째는 강좌이고, 두 번째는 사람이고, 세 번째는 거리이다.

첫 번째는 강좌, 배우기이다. 사람은 밥만 먹고 살 수는 없는 동물이다. 의미없이 무료하게 사는 것은 살아 있다고 할 수 없다. 건강한 사람은 살며 생각하며 활동한다. 아직은 활동할 수 있는 나에게 분당인생학교는 부담 없이 배울 수 있는 좋은 강좌들이 있어서 좋다. 많은 학자들이 노년의 삶에 대해 말하는 중에 배우기를 권한다. 노년의 배움은 뇌 건강을 유지하고 인지능력을 향상시켜인지 질환을 예방하고 우울증을 예방한다고 한다. 목적과 의미로 활기찬 생활을 하므로 무료함을 없애준다고 한다. 여기에 인생학교에서의 배우기는 부족한 나에게 한 발자국 발돋움할 수 있는 기회를 제공한다.

두 번째는 사람, 인간관계이다. 사람은 사회적 동물이다. 혼자서는 살기 어렵다. 그런데 지금쯤은 인간관계도 물갈이가 되는 것이 아닌가 하는 생각을 가끔 한다. 주위를 둘러보니 그렇게 각별했던 친구들도 어느덧 각자의 삶 속으로 숨어버렸다. 하늘의 별이 되어 영원한 이별을 한 친구들도 있다. 그나마 남아 있는 친구들 중에는 학교 다닐 때 죽이 맞았던 친구도 어쩐지 예전 같지가 않다. 그동안의 삶에서 서로 많이 달라져 있다. 관심사와 사고가 흥미를 느끼는 것이 다르다. 그런데 인생학교에는 좋은 사람들이 많다. 목적과 의미가 뚜렷하고 관심사가 비슷하다. 대화하며 소통할 수 있어서 좋다. 나는 그런 사람들을 그냥 따라다니기만 하면 된다.

세번째는 이동, 거리이다. 나이가 드니 먼 거리는 불편하다. 친구들을 봐도 그렇다. 양평 사는 친구는 그 동네에서 놀고, 서초동 사는 친구는 또 그 동네에서 논다. 아무리 배우고 싶은 것이 있어도 시니어들은 거리가 멀면 못 간다. 친했던 친구도 가까이 있지 않으면 자주 만나기 힘들다. 내 개인적으로도 정서가 맞는, 소위 코드가 맞아 마음을 터놓고 지내는 친구가 둘 있다. 하지만 한 명은 미국으로 이민을 갔고, 또 한 명은 지방에서 산다. 요즘도 가끔 핸드폰이나 보이스톡을 하지만 몸이 멀어지면 마음도 멀어진다고 하지 않던가. 만나지 못하는 점이 아쉽다. 자주 만나는 친구가 더 할 말이 많은 법이다. 분당인생학교는 내 집에서 거리가 가까워 이동하기가 편리하다. 보통 일주일에 한 번이나 두 번은 강의를 들으러 가는 셈이니, 배우기도 하면서 회원들도 자주 만나는 편이다.

배우며 무엇인가에 몰두하고 사람을 사귀며 소통하고 움직인다는 것은, 자칫 노년에 빠질 수 있는 외로움을 물리치는 길이다, 한마디 덧붙인다면, 나는 회색분자이다. 공부를 좋아했던 엄마가 내게 '놀기도 좋아한다'고 가끔 타박을 하셨다. 그럴 때면 나는 '그럼, 사람이 놀기도 해야지, 어떻게 공부만 하느냐'고 맞받아쳤다. 모범생도 못 되지만, 날라리도 속이 빈 것 같아 성이 차지 않는다. 스스로 진단하자면 모범생과 날라리의 그 중간 어디쯤이 아닐까.

인생학교의 '배우고 나누며 즐겁게 놀자'는 그런 내게 또한 딱 맞는 슬로건이다.

겨울나기

초겨울의 한기는 나를 일깨우는 것 같다. 이제 본격적으로 겨울이 시작되니 겨울 채비를 하라고. 겨울만 되면, 유난히 추위를 타는 나이기에 이 겨울을 어떻게 나나 은근이 걱정이 되기도 한다. 보일러를 켜고, 행거에 겨울옷으로 갈아 걸고, 거실에 놓인 쇼파에 따듯해 보이는 쿠션으로 갈아 놓는 등 작은 소품도 바꿔 놓는다. 베란다에 놓였던 화분들은 이미 실내로 옮겨 놓은 지 꽤 오래되었다.

이제 내 몸과 마음도 따듯하게 해야 되겠다. 몸의 균형과 근육을 키운다는 필라테스도 하고 있다. 몇 달 전에 주민센터에 신청했다. 몸의 에너지를 높이기 위해서다. 인생학교에서 몸 건강 다리 튼튼, 걷기를 하며 문화 답사도 하는 일석이조의 문화답사반에도 들었다.

이 시기에는 나무들도 조용한 시간을 보내면서 봄을 준비하기 위해 다양한 활동을 한다. 잎이나 꽃을 퇴비로 활용하여 에너지를 보존하고, 뿌리 성장을 위해 땅속 깊은 곳에서도 수분을 흡수한다. 해충 방지를 위해 수액이나 수지(樹脂)를 분비하여 해충의 침입을 막는다.

나도 최소한의 활동으로 가까운 데서 좋은 사람들을 만나, 훈훈한 대화도 나누며 따듯한 차도 마셔야 하겠다. 보일러를 적정 온도에 맞춰 쾌적하고 온화한 실내에서 책도 많이 읽어야 되겠다. 좋은 추억과 아름다웠던 순간들을 떠올리며 조용히 혼자만의 시간도 즐겨야겠다. 바깥 칼바람에 시달렸을 손자손녀에게 할머니의 사랑이 듬뿍 담긴 뜨끈하고 맛갈스런 요리도 해 줘야지. 눈 오는 날이면 두툼한 패딩 걸쳐 입고 온 세상이 하얗게 변한 겨울의 아름다운 설경도 감상해야 되겠다. 때때로 분당인생학교에 가서 내게 유익한 강좌도 들으며 회원들과 푸짐하고 맛있는 식사를 하며 즐거운 시간도 가져야 하겠다. 배우고 나누며 즐기면서 겨울 추위를 잊어야 되겠다. 일단은 동네라 가까워서 아주 좋다.

생각해 보니, 추위도 잊을 만큼 할 일도 많고 즐길 것도 많다. 겨울이어서 할 수 있는 일들, 이 많은 것들을 하다 보면 나도 모르게 어느새 희망의 봄이 말을 걸겠지? 아기 혓바닥 같은 연두색 잎들과 화려한 꽃들이 기지개를 피며, 밝은 햇빛이 포근한 손을 내밀겠지? 매일의 일상을 편안하고 즐거운 하루가 될 수 있도록 긍정적인 마음을 가지도록 노력해야 되겠다. 그러면서 봄을 기다릴 것이다.

색깔 배합

 패션에서, 의상을 매치하는 기법으로 톤온톤(tone-on-tone) 기법과 톤인톤(tone-in-tone) 기법이 있다. 신체적으로 동일한 조건을 가지고 있다고 해도 어떻게 스타일링을 하느냐에 따라 사람들에게 보여지는 시각이 달라질 수 있다. 톤이란 명도(밝기)와 채도(색상)가 같이 합쳐진 색조를 의미한다. 톤온톤은 동계 색조 배색으로 부드럽고 통일감을 주는 장점이 있는 대신 자칫 밋밋해 보일 수 있는 단점이 있다. 우리가 흔히 말하는 '깔맞춤'이다. 톤인톤은 다른 색조와의 배색으로 개성적이고 다양하며 신선한 느낌이 있을 수 있지만, 자칫 산만해 보일 수가 있다.
 이렇듯 같은 색깔이라도 어떻게 매치를 하느냐에 따라 그 느낌이 달라질 수 있다. 비유를 하자면 예술학교와 일반학교의 차이라고나 할까. 예술학교는 톤온톤에 비유할 수 있겠다. 예술적 기질과 창의력을 공유하는 학생들과 교사들이 모여 있고, 환경이 비슷하고 관심사와 가치를 공유한다. 마치 비슷한 색조의 옷을 매치해 조화롭고 통일감있는 스타일을 완성하는 것처럼 말이다.

　반면에 일반학교는 톤인톤에 비유할 수 있을 것 같다. 다양한 배경, 관심사, 그리고 각자 다른 미래의 목표를 가진 학생들이 어우러져 있으니까. 마치 다양한 색조, 밝기를 조합해 개성적이고 입체적인 스타일을 완성하는 것처럼. 사람의 성향도 톤온톤처럼 무난하지만 자칫 개성이 없고 밋밋한 사람이 있고, 다양하고 사교적이지만 자칫 예민한 사람이 있을 것이다. 굳어진 타성을 당장 뜯어 고칠 순 없을 것이다. 순행과 역행 사이를 오가며 수없이 쌓아 올린 퇴적층이 오늘의 나이거늘, 나 아닌 다른 사람도 마찬가지일테니까 쉽사리 바뀌진 않을 것이다. 어떤 선택이든 각자의 취향과 배합에 따라 나름대로의 삶을 그려나갈 것이다.

　생각해보면 나를 동적 인간형으로 변신시켜 주려 메시지를 던진 분당인생학교는 톤온톤에 가까운 성격에 가깝다고 보여진다. 대체로 같은 세대이며, 같은 관심사들을 갖고 있다. 정서가 비슷하고, 대화가 소통된다고 느껴진다. 해서 편안하고 수업과 모임이 즐겁다. 그러나 언뜻 스치는 생각은 자칫 '우리끼리'라는 함정에 빠지지나 않을까 하는 생각도 든다. 그것은 나의 기우일까?

　회원들은 수업과 야외 현장 학습, 모임을 통해 친교를 다진다. 그러나 거기까지, 각자의 생활에 충실하다. 어쩌면 그 인간관계가 톤온톤의 그것처럼 밋밋할지도 모른다. 하지만 그런 밋밋함이

색깔 배합　233

관계를 더 오래 지속시킬 수 있는 좋은 방법일 수도 있겠다. 옛 고사성어에도 '불가근불가원(不可近不可遠)'이라는 말이 있다. 어찌됐든 사회에서 소외된 우리 시니어들을 품어 안아 따뜻하게 맞아 주는 분당인생학교의 더 나은 발전을 기원한다.

그들의 발자국

　날씨가 쌀쌀한 2월, 우리 인생학교 문화답사반에서 경복궁 근처에 위치해 있는 서촌을 답사했다. 서촌은 그전에도 친구들 모임 때 몇 번 가 봤던 곳이다. 효자동이나 경복궁 근처 식당에서 점심을 먹거나, 통인동 시장에 가서 유명하다는 기름떡볶이나 모듬전을 먹기도 했다. 식사 후에는 근처 카페에 가서 담소를 나누기도 하고 깔깔거리며 수다를 떨기도 했었다. 하지만 그저 그거였을 뿐, 그 지역의 역사나 문화에는 별 관심이 없었다. 특별히 그런 의식이 없었다. 그런데 우연히 인생학교에 오게 되면서 문화답사반에 들게 되었다. 강의 계획서에서 문화답사반을 보는 순간, 그냥 의식 없이 놀기만 하는 것보단 상식도 늘고 걷기 운동도 되어서 내게 의미있는 일이겠다 싶었다.

　출발 전날 우리를 이끄는 이 코디님으로부터 미리 안내 문자가 왔다. 날씨가 춥고 비가 올 것 같으니 춥지 않게 옷을 든든히 입고 오라는 친절한 배려의 문자였다. 나는 두툼한 카키 코트에 모자와 장갑, 우산을 챙겨 들고 집을 나섰다. 약속 장소인 광화문 세종문화 회관 앞에서 만나 경복궁으로 이동하였다. 20여 명의 회원들이 이 코디님을 선봉장으로 그 뒤를 따랐다. 커다란 기와 문 입구에 장대처럼 우뚝 선 수문장을 뒤로 하고 확 트인 넓은 마당으로 들어갔다. 관광객들과 사람들이 많이 보였다. 몇몇 회원분들은 사진도 찍고, 우리는 한 바퀴 휘둘러본 다음 다음 장소로 이동하였다.

  통의동의 보안여관 앞을 지나면서는 문학동인지 『시인부락』이 만들어진 곳이며, 문화생산자들과 문화예술을 사랑하고 향유하는 사람들의 공간이었다는 이코디님의 설명에 귀를 기울였다. 예전에 그 거리를 거닐었던 적도 있었다. 하지만 그때는 그냥 지나쳤을 뿐이었다. 그런데 새롭게 그런 사실을 알게 되니 희뿌연 안개 같았던 사물이 선명하게 보이는 듯하며, 마치 내가 커다란 지식이나 얻은 양 뿌듯함까지 느껴졌다.

  다시 또 걸음을 재촉해 넓은 차도를 건너 통인동으로 들어갔다. 노동운동가이며, 사진작가, 시인으로 우리에게 잘 알려진 박노해 님의 사진전이 열리고 있는 'La카페'로 들어갔다. 2층으로 올라가니 척박한 땅에서도 천년을 산다는 올리브 나무 사진이 한눈에 들어왔다. 사진 속 올리브 나무는 작은 잎새들이 무성하게 빽빽히 돋아 있고 그 아래 박노해 시인이 앉아서 책을 읽고 있는 모습이 환영처럼 보였다. 다른 전시된 작품들도 둘러보고 1층으로 내려오니 차 한잔의 여유, 커피 타임이다. 아침부터 비가 내리고 있어 으스스 움츠러들어 따뜻한 커피가 반가웠다. 삼삼오오 모여 커피 향을 즐기며 몸도 녹였다.

'La카페'를 나와 천재 시인이라 일컬어지는 이상의 집터도 거쳐 서촌 한옥마을 골목을 걸었다. 뒤에서 보니 모두 우산을 쓰고 옹기종기 걷는 모습이 친밀하고 정겹게 보였다. 골목길을 이리저리 돌아 시장으로 들어가니 먹거리들이 즐비하다. 유명한 통인시장 기름떡볶이집들, 장안의 별미라는 고로케집, 주막집, 해물탕집, 각종 전집, 오래된 중국요리집, 고기집 등등. 오전 중의 일정은 이렇게 마치고 각자 취향대로 골라 점심식사를 했다.

오후 일정은 송석원 터와 수성동계곡, 박노수미술관과 윤동주 문학관 답사다. 미끄러질세라 경사진 비탈길을 올라 드디어 수성동계곡에 다다랐다. 졸졸졸 흐르는 시냇물과 무성한 나무들로 도시에서는 느낄 수 없는 청량함이 가득하다. 깎아지른 듯한 바위가 많은 인왕산도 바로 눈앞에 보인다. 더러는 송석원 터로 올라가고, 더러는 계곡에 남았다. 나는 비가 와서 길도 사납고 내게는 무리일 것 같아 올라가지 않았다. 계곡 앞에 표지판이 있고, 그 옆에는 겸재 정선이 비 내린 뒤의 인왕산을 그렸다는 〈인왕제색도〉 그림이 커다랗게 표지판처럼 서 있었다.

어느새 송석원 터에 갔다, 이 코디님은 우리에게 이 계곡의 유래에 대해 열심히 설명한다. 마치 문화 해설사 같다. 참 열정적이고 자기 일에 열심인 성실한 분이시다. 조선의 화가 정선이 여행을 즐겼다는 등, 조선시대 효령대군과 안평대군의 집터에 있던 돌다리 기린교에 대한 설명이다. 눈을 들어 계곡 주위를 둘러본다. 문득, 조선의 성리학자인 야은 길재의 시조 한 구절이 생각난다. 여기서 노닐던 그들은 다 어디로 갔을까? 길어야 100년도 살지 못하고 갔을 모든 인생에 무상함을 느낀다.

"산천은 유구한데, 인걸은 간데 없네."

현재, 옥인동 남정박노수미술관은 원래 매관매직의 친일파 윤덕영이 딸의 생일 선물로 지어준 가옥이라 한다. 미술관 내부는 1930년대 지어진 일본 목조건물의 전형으로 곳곳에 박노수 화백의 그림이 전시되어 있었다. 우리 회원들이 한꺼번에 들어가기에는 좁은 실내이기 때문에 두 그룹으로 나뉘어 작품을 감상했다. 청색의 강렬한 색채가 인상적이었고, 간결하고 대담한 터치가 두드러졌다. 밖으로 나오니 정원 한구석에 놓여 있는 특이한 돌들이 눈에 들어온다. 수석 수집이 취미였다는 박 화백의 흔적이다. 진짜 주인은 가고 그림과 돌들이 주인인 양 아직도 오고 가는 방문객들을 맞아주며 존재감을 뽐내고 있다.

이어서 서울시 '테마파크'라는 진경산수화길을 걸어 내려가니, 마을버스 종점이 있었다. 버스를 타고 한 정거장을 가서 윤동주문학관으로 이동했다. 종로구는 용도 폐기된 '청운수도가압

장'을 윤동주문학관으로 조성했다. 문학관을 통해 시인의 민족정신과 저항정신, 그리고 시 세계를 기념하고자 했다고 한다. 회색빛 시멘트로 된 나지막한 건물 외관을 본 순간, 시인의 불운하지만 고귀했던 삶이 연상이 돼 무거운 마음에 저절로 옷깃이 여며졌다. 실내로 들어가 시인의 시를 하나하나 차근차근 읽어 내려갔다. 그분의 정신세계를 조금이나마 공감할 수 있기를 바라면서. 「별 헤는 밤」이라는 작품 속 특별히 마음에 와닿는 단어가 있었다. '어머니.'

    별 하나에 추석과
    별 하나에 사랑과
    별 하나에 쓸쓸함과
    별 하나에 동경과
    별 하나에 시와
    별 하나에 어머니, 어머니.

시의 끝부분에 어머니는 왜, 두 번 연속으로 강조했을까? 시인이 옥중에 있을 때, 어머니는 얼마나 노심초사 간장을 녹였을까? 그 어머니의 심정을 헤아렸던 시인이 어머니에 대한 애절한 마음을 표현한 것이 아닐까 하는 생각을 하니 가슴이 먹먹해진다.

  돌아오면서 윤덕영과 윤동주를 생각해 봤다. 전자는 나라를 팔아먹은 친일 매국노이다. 수많은 백성이 힘겨운 삶을 이어가고 있음에도 방이 40개나 되는 호화로운 프랑스풍 저택을 짓고 살았다 한다. 당대에 누구도 따라올 수 없는 부귀영화를 누렸다. 그러나 씻을 수 없는 과오로 그 이름을 세세토록 더럽힌 사람이다. 후자는 나라를 빼앗은 일본에 그 뜻을 굽히지 않고 당당히 맞서 후세까지 이름을 빛낸 사람, 그러나 27세의 아까운 젊은 나이에 감옥에서 옥사하고 만 사람이다. 극명히 대비되는 삶이다. 나라면, 내 아들에게 어떤 삶을 살라고 했을까?

　이번 서촌 문화답사는 내게 많은 것을 생각케 했다. 친구들과 그냥 즐기며 놀기만 했던 우물 안 개구리 같은 내가 좀더 세상과 가까이 가는 혜안(慧眼)이 열린 듯 보람 있는 하루였다. 특히 오후의 일정은 인생무상, 예술의 가치, 삶의 가치 등을 사유하는 좋은 시간이었다. 상념의 잔상들이 달라붙은 그림자처럼 한참 동안 머릿속을 떠나지 않았다.

지금 이 순간

"오늘 같은 날은 감나무 밑의 평상에서 수제비를 먹고 싶다."

동화작가 정채봉 님의 「스무 살 어머니」란 수필 중에 있는 글이다. 오늘따라 오래 전부터 내 서재 어딘가에 숨겨졌던 기억의 단상들이 슬며시 되살아나기 시작한다. 우리도 여름날이면 수제비 해서 평상에서 먹었었는데….

한여름 무더위가 한창일 때면 매미들은 한꺼번에 여기저기서 목이 터져라 목청껏 울어대고, 정원 각종 나무는 누가 더 푸른지 각각 짙푸른 자랑을 한다. 날씨는 더운 수증기를 퍼트려 놓은 듯 후덥지근하고, 개들은 더위에 지쳐 집 주변 시멘트 바닥에 주저앉아 혀를 내밀며 숨을 헐떡거리기도 하고, 어떤 것은 아예 다리를 쭉 뻗고 길게 누워 버린 것도 있다. 강아지들은 제 어미 가까이서 더위도 잊었는지, 여러 마리가 천방지축 제멋대로 뛰놀고 있었다. 처음 두세 마리가 새끼를 낳아서 대가족이 되었다.
 '이열치열이라고 했던가?'
 우리는 가끔 저녁식사로 호박을 곱게 채 썰어 넣은 수제비를 해 먹었다. 시골 주택이라 정원이 꽤 넓었다. 정원 한쪽에 자리 잡고, 있는 넓은 평상을 걸레로 쓱쓱 닦고 그 위에 큼직한 직사각 네모상을 펴놓고 그 둘레에 옹기종기 둘러앉았다. 솥에서 막 푼 뜨거운 수제비를 대접에 담아 넓은 쟁반에 놓아 넘어질세라 조심조심 상에 갖다 놓는다.
 시부모님과 아이들이 마주 앉아 땀을 뻘뻘 흘린다. 이마에서 흘러내리는 구슬땀을 손등으로 훔치며 맛있게 떠먹던 그때의 풍경, 시아버님은 어머니가 다려 놨던 빳빳한 모시 바지저고리를 입으셨고, 어머니는 민소매 헐렁한 원피스를 입고 앉아 계시던…. 뒤이어 퇴근해 돌아오는 남편이 "어? 맛있겠는데" 하면서 옷도 벗지 않고 손만 씻고 합류하던 때….
 그때 우리들의 모습이 영화 속 찐한 감동의 한 장면처럼 선명한데, 그게 언제였더라? 시간을 되짚어 뒤돌아본다. 내 젊은 날 아련한 필름 속 저편으로. 나는 생각한다. 세월이 덧없이 빨리도 지나갔구나. 벌써 몇십 년 전이네. 분명 존재했던 시간이었는데, 흔적도 없이 기억 속에서만 남아 있네. 순간순간이 차곡차곡 포개져 현재의 내가 있다. 흘러가는 시간 앞에 영원할 수는 없는 순간들. 의식 속에서 사진의 한 컷처럼 정지된 것 같기도 하고 강물처럼 흐르는 것 같기도 하다. 이제 내가 그때의 시어머니 나이보다도 더 많은 나이가 되었고, 우리 아이들은 그때의 내 나이보다도 더 많은 한 가정의 가장 또는 아내가 되어 있다.

  니코스 카잔차키스의 「그리스인 조르바」에서 조르바가 말했던 "지나간 일은 기억하지 않고, 앞으로 다가올 일도 계획하지 않아요. 내게 중요한 것은 바로 오늘, 이 순간에 일어나는 일이오"가 떠오른다.

  벌써부터 이번 여름은 장마전선이 한반도를 둘러싸고 있다고 한다. 오락가락 빗줄기를 뿌리기도 하고, 가끔은 호랑이 장가가는 날처럼 반짝 햇빛을 내비치며 청명한 하늘을 자랑하기도 한다. 하지만 걱정인 것은 비가 오기 시작하면 예전과 달리 폭우가 쏟아진다는 것이다. 단시간에 물 폭탄이 퍼붓는다. 그럴 때면 으레 사람들의 사망 소식과 실종자 소식이 전해진다. 홍수와 산사태로 자동차가 물에 잠기고 집이며 가재도구 등 피해가 속출한다. 과수원, 논밭 할 것 없이 무차별이다.

  이렇듯 한 치 앞도 알 수 없는 예측불허의 살얼음판 삶을 살다 보니, 더더욱 이 순간의 중요함이 실감 나는 요즈음이다. 마침 라디오에서 뮤지컬 〈지킬 앤 하이드〉의 OST 〈지금 이 순간〉이라는 노래가 흘러 나온다. 지금 이 순간, 시니어인 나의 현재에 충실하려면 어떻게 해야 할까? 자문자답해 본다.

프랑스의 지성, 시몬 드 보봐르는 '노인에게 큰 행운은 계획을 세워 바쁘고 유용하게 살면서 권태와 쇠퇴에 사로잡히지 않는 것'이라고 충고했다. 많은 사람이 노년의 삶에 대해서 생각해보고 충고하며 조언한다. 그러나 어떻게 살아야 보람 있는 건지 갈피를 못 잡고 무심히 세월만 흐른다. 나도 오랫동안 목마른 듯 갈증을 느꼈지만 시몬 드 보봐르의 말에서 해답을 찾았다.

그래서 나는 오늘도 여기저기 기웃거리며 권태와 쇠퇴에 빠지지 않으려 노력한다. 지금은 수제비나 해 먹어야겠다는 생각이 마음을 스쳐간다. 지금 이 순간, 나에게는 이것이 중요한 것 아니겠는가. 순간순간에 충실하다는 것.

그런데 옹기종기 둘러앉아 먹던 평상도 없고, 믿고 의지했던 시부모님과 남편은 하늘 위로 올라가 버리고 아들딸들도 제각기 출가해 버렸으니….

나 혼자 수제비라니? 뭐 그래도 좋지만, 이왕이면 동네 친구라도 불러 같이 먹으며 이 순간을 즐겨 볼까?

창밖의 하늘에는 여름 뭉게구름이, 세상사 아무 상관없다는 듯이 무심히 흘러간다.

시간

새해가 오고, 또 새해가 오고, 또 새해가…. 세월이 흐르는 물과 같다더니 정말 어찌나 빠르게 흐르는지, 시간에 날개가 달린 것 같다. 나이가 들어갈수록 시간에 대해 느끼는 감각은 가속화된다고 한다.

십대 시절에는 빨리 어른이 되고 싶었다. 대학생이 되고 싶었다. 부모님들의 구속에서 벗어나서 자유로워지고 싶었고, 학창 시절 사귄 친밀한 친구들과 더 많은 시간을 갖고 싶었다. 입시지옥, 공부에서 벗어나고 싶었고, 초보 대학생들의 남녀 미팅이 선망의 대상이 되었다. 젊음에 대한 부풀은 기대가 있었다. 그 나이 때는 시간이 더디게 흐르는 것처럼 느껴지는지, 모든 것이 빨리 되었으면 했다. 작은딸이 고등학교 때, 빨리 대학생이 되고 싶다고 했다. 대학생이 돼서 귀를 뚫어 귀걸이를 하고 싶고, 파마를 하고 싶다고 했다. 막 피어나는 봉오리로서 맘껏 치장도 부려보고 싶었던 여자의 본성이었을까. 어느덧 시간이 훌쩍 날아와 그녀의 아들이 그 나이가 되었다.

  결혼해서 아이 낳고 기르면서부터는 시간의 개념이 없었던 것 같다. 육아에, 남편 내조에 푹 빠져 시간이 가는지 오는지를 몰랐던 것 같다. 더구나 한때는 시부모님도 모시고 살았었고, 치열한 경쟁사회에서 아이들 교육을 소홀이 할 수도 없었다. 대한민국에서 살아 남으려면 아이들 교육이 얼마나 중요한지, 사교육이 얼마나 우리를 조여 오는지를 누구나 알 것이다. 아이들과 같이 움직이며 같이 울고 웃고 그렇게 살았다. 남편의 사업에 의존해 생활이 좌지우지됐다. 반짝반짝 빛나던 날도, 맑게 개인 날, 구름 낀 흐린 날, 폭풍우가 몰아친 날들도 있었다. 아이들이 다 커서 성인이 된 다음엔 각자의 둥지로 날아갔다.

  아이들을 결혼시켜 분가하고 나니, 이번엔 손자 육아가 문제가 되었다. 작은딸이 맞벌이를 해서 이번엔 손자 육아를 내가 맡아 하게 되었다. 딸네는 손자 한 명, 손녀 한 명 합해서 둘이다. 손주들을 돌보면서 차츰 나는 내면의 나를 들여다보기 시작했다. 손주를 돌보는 것도 물론 더없이 중요한 일이지만 내 삶의 주체자로서 내가 없었다. 나의 시간에 대해 생각하기 시작했다. 조바심이 났다. 얼마나 많은 시간을 의미 없이 흘려보냈는지, 얼마나 많은 시간을 내 마음속 깊이 자리 잡은 욕망과 싸웠는지! 나는 답답함을 느꼈다. 초등학교 때는 말이 없고 소극적이었던 나였다. 그런데 왜 그렇게 할 말이 많고 하고 싶은 말이 많아졌는지, 나는 조금씩 짬짬이 글로 나 자신을 표현하기 시작했다.

'시니어'란 이름으로 불려지는 나이가 되었다. 이제는 시간을 잊고 살려 한다. 초스피드로 날아가는 시간을 어찌 붙잡을 수 있으랴! 불가항력인 시간의 법칙 앞에 두 손 두 발 다 들고, 항복이다. 하나님의 영역이니 하나님께 맡기고, 언제 가더라도 가는 날까지 안 갈 것처럼 잊고 살고 싶다. 언제든 단단한 각오는 돼 있다. 이제는 시간을 즐기며 순간 순간, 시간에 충실하려고 노력한다.

'카르페디엠', 말처럼. 호라티우스의 라틴어 시 한 구절로부터 유래된 말인데 영화 〈죽은 시인의 사회〉에서 선생님이 말해서 유명해진 말이라고 한다. 뒤늦게 잡은 글쓰기가 나의 큰 위안이 된다. 때로는 어렵고 힘들기도 하지만, 아직은 부족한 결과물이 나올지라도 천천히 뚜벅뚜벅 가려 한다.

쓴다는 것이 때로는 서성이고 갈 바를 몰라 헤매다가도 다시 제지리로 돌아오는 성취감도 있다. 그 성취감 뒤에 따라오는 안도감과 휴식이 더없이 달콤한, 요즈음 나의 시간 즐기기이다.

우리가 받은 선물

보람있는 인생

가치있는 인생

나의 인생은 이제부터다

자식들 다 출가시켰고

이제부터 자유다.

시아버지의 커다란 서재 한쪽 벽 가운데에는 나무 액자가 걸려 있었다. 위의 글은 그 액자 속에 쓰여 있던 붓글씨이다. 직사각형의 나무 액자 속 글자는 실제로 보면, 한글 서체로 약간 흘림 글씨이고, 시아버지의 결기를 말하는 듯 힘찬 기상이 느껴진다. 아버님은 막내딸을 결혼시킨 직후 이 액자를 서재에 걸으셨다. 그리고 한 달도 채 못돼 거짓말처럼 파킨슨병을 진단받았다. 70대

초반에서 80대 중반까지 10여 년의 긴 시간을 앓다 돌아가셨다. 아들, 딸들을 다 출가시킨 후 자유롭고 즐거운 인생을 꿈꿨던 그의 바람은 물거품이 되고 말았다.

  나는 결혼 이후, 아이들 교육으로 다시 서울로 돌아올 때까지 15년간을 지방 도시에서 살았다. 시아버지와 남편의 사업체가 거기에 있었기 때문이었다. 서울로 오기 직전에는 시부모님을 모시고 살았었다. 아버님은 지방 도시에서는 꽤 사업에 성공한 분이셨다. 일제 말기에 태어나서 10대 후반부터 직장 생활을 하셨다고 한다. 시할아버지의 미두(현물 없이 미곡을 사고파는 투기 행위) 실패로 가세가 기울어 초등학교 교육까지만 받았다. 하지만 엄청난 노력형으로 자수성가로 사업을 일으키셨다. 주경야독으로 통신강의록을 독학으로 공부하셨다고 한다. 붓글씨도 수준급이셨다. 액자의 글씨도 직접 쓰신 것이다.
  시부모님은 자녀가 열이었다. 지금 같으면 너무나 많은 자녀라고 여기겠지만, 그때는 다자녀인 가정이 많았다. 때문에 아버님은 그의 꿈과 가족을 위해 젊은 날을 하얗게 불태우셨을 것이다. 최선을 다해 살았을 테지만 어깨에 짊어진 힘겨운 짐을 내려놓고 자유를 꿈꾸는 순간, 병이 오고 말았다. 점점 몸이 눈에 띄게 야위어 가고 약해지며 일상적인 활동이 어려워져 휠체어에 의지하셨다. 치매는 주위 사람들을 힘들게 하지만 본인은 고통을 잘 모르지 않는가. 하지만 파킨슨병은 본인의 정신은 말짱하니, 그 정신적 고통은 고스란히 본인 몫이었다. 정신은 말짱하셨으니까.

4월 말의 어느 날, 인생학교에서는 봄 소풍을 갔었다. 피크닉을 가는 소년, 소녀처럼 모두들 발걸음도 가볍게 자유로움을 만끽하고 있었다. 곳곳에 만발한 철쭉이며 영산홍 등 각종의 봄꽃들은 그 화려함을 자랑하며 눈 호강을 제공했다. 삼삼오오 정겹게 담소를 나누기도 하고, 서천의 명물이라는 쭈꾸미로 오감을 만족시켰다. 새로운 친구들과의 만남, 노는 것뿐 아니라 관심사가 같은 사람끼리 모이는 수업으로 정서적 교류가 일치해서 좋다. 살짝 비도 내려 비 오는 날의 낭만도 분위기를 고조시켰다. 아기 혓바닥 같은 연두색 잎사귀들도 점점 짙어져 그 싱그러움을 더하고 있었다. 모두가 행복한 날이었다. 그런데 인생학교에서 이번에는 일본 여행도 계획 중이라고 한다.

국내외 여행, 공부, 친교, 하고 싶은 것, 먹고 싶은 것 다 하고 다 먹고 무슨 일이든 내 마음대로 하는 이 자유로움을 누군가는 그렇게 원했었다. 어쩌면, 내 시아버지가 원하셨던 것도 이런 것이 아니었을까? 그동안 사업 때문에 못 해 봤던 것들, 인생 학교의 슬로건처럼 '배우고 나누며 놀자.'

지금 우리 앞에 있는 이 시간이 신이 우리에게 주신 또 다른 선물이다.

그렇게 절실히 원했는데도. 누군가에게는 주어지지 않고, 누군가에게는 넘치도록 주어지는 그 상황은 왜일까? 하나님께 기준이 뭐냐고 물어보고 싶다. 자신의 꿈과 가족을 위해 쉴 틈 없이 누구보다 열심히 치열하게 사신 아버님. 어려운 청년들에게 장학금을 주는 등 좋은 일도 많이 하셨건만. 조금만이라도 시간을 주시지, 왜 내 시아버지께는 그토록 시간을 주시지 않으셨을까. 아버님을 생각하면 모든 것을 포기한 듯 초점 없는 멀건 눈과 서재 액자에 쓰여 있던 짙은 검은색의 붓글씨가 커다랗게 오버랩되어 살아나며, 가슴 밑바닥을 찡하게 건드린다.

내 나이가 어때서

 눈이 흩뿌리다 펑펑 소담스레 내리다 다시 싸락눈으로 변신 휘몰아친다. 제대로 겨울을 맛보게 하려나 보다. 아스팔트 바닥 위에 조금씩 점점 눈이 쌓여 가고 있다. 동네 강아지 꼬리 위에도 살포시…. 나는 투명한 유리창을 통해 밖을 내다본다.
 "눈이 오네."
 내 입에서 문득 한마디가 새어 나온다.
 '이대로 보내긴 아쉬운, 모처럼의 낭만 분위기인데…. 더구나 황금 같은 주말인데.'
 어느새 무엇에 끌려가듯 내 마음이 풍선처럼 둥둥 떠다니고 있다. 몇 년 전 겨울 첫눈 왔을 때 장흥 기산 호숫가에 '샤갈의 눈 내리는 마을'이란 카페에서 친구 넷이서 난롯가 소파에서 담소를 나누던 곳으로 가기도 하고. 신혼 초 눈 오는 날에 내 기분에 겨워 퇴근한 남편을 졸라 옷도 벗기 전에 서둘러 갔던 소주를 마시던 와자지껄한 포장마차 속으로도 가고. 기억 저편 더 아득한 내 소녀 시절, 함박눈이 사정없이 쏟아지던 크리스마스 이브, 해 저문 시간에 미니스커트를 입고 추워서 덜덜 떨며 친구랑 쏘다니던 명동으로도 간다. 내 삶 속 오후의 달콤한 낮잠과도 같은 눈 오는 날들의 편린.

'이 설레는 마음을 어쩌지? 아무래도 가만히 있을 순 없다. 이런 날엔 사랑하는 사람과 분위기 좋은 카페에서 눈길 마주 보며 따듯한 커피 한잔 했으면…. 대화하면 마음이 척척 맞는 친구와 차 마시며 실컷 수다를 떨었으면. 아니 누구라도 좋다, 같이 있을 수 있는 친구면 된다, 눈 오는 날을 함께 즐길 수 있으면 된다.'

텔레비전에서는 기상예보를 하고 있다. 눈이 오니, 시청자들 조심하라고 여성 아나운서가 목소리를 높여댄다. 나는 아랑곳없이 양수리 두물머리 근처 사는 동창 친구에게 핸드폰을 해서 만나기로 약속을 했다. 대중교통으로 나가려고 버스 정류장을 향해 나섰다. 한참 걸어가고 있는데, 컬러링이 울린다. 수지에 사는 큰딸이다. 눈이 오는데 엄마 뭐 하시는지 궁금해서 핸폰을 했단다. 친구 만나기로 해서 나가는 중이라고 했더니, 갑자기 목소리 톤이 높아진다. 눈이 와서 길이 미끄러울 텐데, 미끄러지면 어떡하냐고 걱정을 하며 덧붙여 한 마디 더한다.

"그 나이에 아직도 소녀 감성 이유? 주책 아니에요?"

우리는 눈길 위의 개들처럼 신이 났다. 지나는 사람들이 힐끔힐끔 쳐다보는 것 같다.

'그러거나 말거나 내 나이가 어때서?'

친구와 맛있는 저녁식사를 한 후 유리창으로 안이 훤히 보이는 카페로 들어갔다. 군데군데 젊은이들이 여럿이 둘러 앉아 있기도 하고 남녀 둘이 마주 앉아 있는 모습도 보인다. 저녁이라 커피는 안될 것 같고 주스는 배가 불러서 아이스크림을 시켰다.

다음날, 아침에 일어나니 코가 좀 막히며 머리가 무겁다.

'감기?'

어제 아이스크림을 먹을 때 으스스 살짝 추웠던 기억이 났다. 혹시나? 재작년 감기로 무척 고생했던 생각이 스친다. 폐렴으로까지 번져서 거의 석 달을 끌어 그칠 새 없이 기침이 나오고, 숨쉬는 것도 불편해진 일까지 있었다. 가족들도 걱정을 많이 했다.

'혹시, 감기?'

나이가 들면서 감기에 걸리면, 한 번 잡으면 놓지 않는 사냥개처럼 끈질기게 오래 갈 때가 있다. 한 번 큰 고생을 하고 나니 거기에 대한 트라우마가 생긴 것 같다.

'폐렴으로 가면 큰일인데?'

생각이 거기에 미치자 덜컥 겁이 났다. 그제야 제정신이 들은 듯 후회가 밀려온다. 함박눈이 내리는 눈밭에서 아직도 천방지축

뛰노는 강아지처럼 철부지 같은 나.

'괜찮겠지 뭐.'

애써 감정을 추스르며, 나는 아침 식사를 한 후에 약을 챙겨 먹었다. 감기 초기에 먹는 비상약이다. 저녁까지 세 개를 먹었다.

'이거 먹고도 낫지 않으면 어떡하나? 병원을 가봐야 하나?'

바짝 긴장이 됐다. 나는 갑자기 놀란 토끼가 된 듯 가슴이 마구 뛰기 시작했다.

오후에 작은딸 집에 가서도 감기 증세가 있다는 말을 못했다. 손자손녀를 픽업하는 내가 감기라면, 애들한테 옮길까 봐 걱정할 게 뻔하다. 벙어리 냉가슴 앓듯 며칠을 속으로 끙끙거렸다. 다행히 더는 악화되지 않고 그냥 지나갔다. 초겨울에 독감 예방 주사를 맞아서인가 보다.

이 나이에도 눈만 오면 평정을 못 찾고 흔들리는 내 마음의 실체는 무엇일까? 내 나이가 어때서, 마음만은 아직도 이팔청춘으로 착각하는 걸까? 딸의 말처럼 대책 없는 소녀 감성일까, 주책일까? 하지만 아무래도 좋다. 아직도 내 몸 구석구석까지 통증에 민감하고, 뇌 속 깊숙이 녹슬지 않은 의식이 있다는 것에 감사한다. 아름다움을 보고 아름답다고 느끼고, 눈 오는 날에 설레는 이 나이를 잊은 대책 없음이 다행이다. 깨어 있다는, 살아 있다는 증거가 아니겠는가.

| 해설 |

이상과 일상의 형상
―― 최영아의 수필과 제재들

이동희
소설가·단국대 명예교수

 늦게 문단에 나온 최영아 수필가는 작품을 쓰면서 삶을 다시 시작하였다. 나는 무엇인가, 왜 사는가 하는 되물음에서부터 어떻게 살 것인가, 여하히 이상을 실현할 것인가를 생각하는 계기가 되었다. 삶은 현실의 공간이고 작품은 이상의 공간으로 늘 새로 시도하고 꿈꾸는 작업에서 이상을 현재화하고 있다.
 그리움이 깊으면 꿈이 이루어진다. 데뷔 후 글쓰기를 본격적으로 해 보려고 대학원 문예창작과에 들어갔고 학위도 받았다. 미술 공부, 의상학 전공, 제약회사 직장 경험 등도 바탕이 되고 과거 풍요롭고 호사스러웠다고 할까, 질서가 없고 무모한 생활들, 주변 인물들과 잘 어울리지 못하고 갈증을 느끼며 정신적으로 시달리던 일들도 반추의 제재가 된다.

많은 날들을 돌아 돌아 이제야 제 자리로 왔다. 이제 잡고 가야 할 삶의 푯대가 생겼다. 그저 한 걸음, 한 걸음 가보려고 한다. 그렇게 작품에 임하는 심정을 고백하고 있다. 첫 수필집을 내는 각오이기도 하다.

『혼자라도 충분해』는 총 53편의 수필을 싣고 있다. 최근에 쓴 것도 있지만 석사학위 논문으로 제출했던 작품들이다. 근래 문예창작과에서는 작품으로 논문을 대신하고 있기도 하다.

「엄마의 까치집과 달」「할머니의 찐감자」는 『농민문학』에 신인상으로 당선된 작품이다. 송하섭 선생과 필자가 심사를 하였는데 어머니와 할머니의 이야기이다. 자신도 이제 어머니가 되고 할머니가 되었다.
까치집을 바라보며 어머니가 말하였다.

> 까치는 바람 부는 날 집을 짓는다. 바람 불어도 집이 날아가지 않도록 튼튼하게 짓기 위해서란다.

낮에는 까치집을 바라보고 밤에는 달을 쳐다보며 지내는 어머니와 다시 같이 사는 이야기이다. 그리고 할아버지를 북에 남겨두고 아들을 따라 남쪽으로 내려온 할머니, 하지만 아들은 6·25

이후로 소식을 모르고 있는 할머니의 한 맺힌 이야기이다.

할머니에게는 아들의 부재였고, 엄마에게는 남편의 부재였고, 나 또한 아버지 없는 사람이었다. … 할머니는 '아직까지도' 돌아오지 않는 아들을 그래도 끝까지 기다리시다가 눈을 감으셨다. 대문을 소리도 없이 열어놓으신 채….

그 할머니가 밥에 넣어준 감자 두 알을 회상한다.
서울 아파트에 살면서도 시골 풍경 농촌의 정감이 흐른다. 흙내가 나고 풀내가 난다. 아들의 기다림 아버지의 그리움 속에는 시대적 아픔 우리 모두의 슬픔이 담겨 있다.

「새벽 별로 뜨는 그대 영혼」은 위의 할머니 얘기에서도 나오는 아버지 얘기이다. 가끔 미국 서부개척시대의 민요 〈콜로라도의 달〉 노래를 듣고 흥얼거린다. 먹고 살기 위해 고향을 떠나온 미국인들이 향수에 젖어 부르던 노래이다. 콜로라도의 달 밝은 밤길을 홀로 걸어가고 있는 나그네의 쓸쓸함이 떠오른다.

한국에서 뜨는 모든 밝은 달은 나에게는 콜로라도의 달로 뜬다. 초승달이건 그믐달이건, 아버지의 추억은 그것뿐이므로. 아버지가 가고 싶어 했던 곳, 고향. 미국의 서부 개척자들이 황금을 찾아 달 밝은 밤 콜로라도강 어딘가를 걸어가던 그것처럼. 아버지는 달빛이 흐르는 고향 땅 어딘가의 하늘 위에서 젊은 그 모습 그대로 밤새도록 홀로 서성이고 있지는 않으실까? 서성이다 서성이다 혹시나 문득 두고 온 아내와 딸을 못 잊어 새벽녘, 혼이라도 이쪽으로 발길을 돌리시지나 않으실까? 아버지의 이 모습 저 모습을 상상해본다.

고모로부터 아버지의 애창곡 얘기를 전해들은 후, 이 노래는 아버지와 자신을 이어주는 끈이 되었다. 창문을 열고 새벽 하늘을 올려다 볼 때 반짝반짝 빛을 내며 잠 못 이루는 나를 내려다보고 있는 유난히 맑고 밝은 새벽 별, 그 영혼의 만남과 그리움은 참으로 애절하다.

추측건대 약관 삼십 세에 산화, 거기로 가지도 못하고 여기로 오지도 못했을 아버지. 어느 별에서 안주했을까? 우리나라에서 태어난 죄, 불행한 남자, 과도기의 희생물. 오로지 살고자 했던 젊은 그들의 혼란, 정처를 정할 수 없는 영혼들, 역사 속에서 그들을 단죄할 수 있을까? 누가 누구를 단죄한단 말인가? 엎치락뒤치락, 이긴 자의 몫인 힘의 논리. 울컥 가슴으로부터 무언가가 목구멍에 치밀어 오르는 듯하다.

슬픔이 끓어오르고 답을 찾을 수 없는 의문들은 가슴으로 내려와 분노가 치밀지만 현실은 다만 기억에 시달리며 고뇌할 뿐이다. 「내 가슴에 매달린 곶감」의 한 죽음에 대한 느낌은 또 어떤 시골길 풍경을 보는 듯 객관화되어 있다. 짝사랑이라고 할까 좋아하고 관심이 많았던 사람의 비보를 듣고 감정을 억누르며 한 폭의 그림으로 그려 보이고 있다.

곶감을 보면, 감이 나뭇가지에 주렁주렁 열리고 이어서 시장에 곶감이 등장하면 그로 인해 병원에 갔던 기억이 서늘한 가을처럼 다가온다. 그는 내 은밀한 마음속에 가을의 따사한 햇살을 받아 투명하게 잘 익은 감. 그 곶감을 매달아 놓고 그렇게 가버린 것이다.

서늘한 가을 따사한 햇살의 감각으로 표현한 사랑이라고 할까 삶의 실루엣은 애틋한 풍경화 같다.

「혼자 놀기 바빠요」는 하루 하루의 삶을 의미 있게 짜깁고 있는 의지를 표출하고 있다. 새 삶을 꿈꾸는 과정이다.
심심하고 시간 보내기가 지루하다고 하는 친구가 있다. 대부분의 친구들은 무료하고 심심하다는 말을 한다. 또 혼자라서 외롭지 않느냐고 묻는다.

시계도 가기 싫은 듯 댕댕거리는 나른한 오후, 요때쯤이면 미국에 이민 가서 사는 친구로부터 보이스톡이 올 때다. 마음이 맞는 친구라 우리는 대충 통화 시간대도 안다. 여자들은 딸 아들 키워서 시집 장가 다 보내고 나니 할 일이 없어 무료하고, 남자들도 직장에서 은퇴해서 할 일이 없을 나이다. 우리 나이쯤 되면 부부도 편리한 대로 각자 시간을 보내는 사람들도 많은 모양이다. 대부분의 친구들도 무료하고 심심하다는 소릴 자주 하고 또 듣기도 한다.

지루하고 심심한 것을 못 견디는 것은 자신도 마찬가지였다. 그러나 가방 속에 책을 넣고 다니며 읽고 박물관에도 가고 이제 심심할 틈이 없이 산다. 얼마 전 안국동에 있는 한국 공예박물관에도 갔었다.

열 폭 병풍에 기러기들이 오십여 마리가 넘는다. 더러는 나래를 펼치고 비상하는 것도 있고, 더러는 춤을 추듯 날아다니는 것도 있다. 날개를 접고 내려앉으려는 놈, 갈대 우거진 강가에서 쉬는 놈, 다양한 몸짓이다. 아마 하룻밤 묵어가는 기러기들의 여인숙인가보다. 흰색과 남색이 어우러진 날개 부분과 다리와 부리의 붉은 색, 윤기가 자르르하며 색채가 선명한 자수 실의 아름다움이 돋보인다.

자수 작품들, 그 섬세함과 화려한 색채에 넋을 잃고 보았다.
글을 쓰기 시작하면서부터 삶이 바뀌었다. 부단히 그렇게 시도

하기도 한다. 원고 청탁에 응해야 하고 책을 봐야 하고 심심할 틈이 없다. 또 외로울 틈이 없다. 혼자 살아가며 사랑하는 법(낭만적 은둔의…)이 아니라도 이미 혼자 사는 법을 터득하였다고 할까 익숙해져 있다.

이상 4부에서 단편적이나마 최영아 수필의 작의와 표현들을 살펴보았다. 진솔하고 자유분방한 화제와 담론들을 다양하게 펼치고 있다. 무엇보다 살아온 역정을 고스란히 쏟아 놓아 생동감을 주고 있다.

아버지 어머니 할머니 그리고 나의 얘기는 하나의 혈연관계를 떠나서 시대적 의미를 담고 있다. 대단히 불행한 일이지만 동시에 아무에게나 주어지지 않는 소중한 자산이 아닐 수 없다. 그와 함께 작품마다 담겨 있는 무수한 관계와 사연 사건들을 값진 진주로 꿰어 가야 할 것이다. 하나 하나의 일상들 평생 걸머지고 있는 운명들은 누구도 아닌 자신이 극복해 가고 의미화해 나가야 할 과제들이다. 그것은 시대와 함께하는 일이며 현실을 이상화하는 작업이며 일상을 작품화하는 길이 될 것이다.

수필을 산문의 서정시라고 한다. 어떤 장르의 문학이든 다 그러하지만 시적 감흥이 충만해야 한다. 살펴본 외의 여러 작품들에서 그것을 확인할 수 있었다. 그러면서 많은 작품들에서 또 그에 대한 주문을 한다.

이제 시작이니 계속 추구해 문단의 정상에서 만나길 기대한다. 첫 작품집 상재에 박수를 보내며.

최영아 수필집_ **혼자라도 충분해**

초판 인쇄 | 2024년 12월 15일
초판 발행 | 2024년 12월 20일

지 은 이 | 최영아
발 행 인 | 김호운
주   간 | 김민정

펴낸곳 | 한국문인협회 月刊文學 출판부
주소 | 서울시 양천구 목동서로 225 대한민국예술인센터 1017호
전화 | 02-744-8046~7
팩스 | 02-743-5174
이메일 | klwa95@hanmail.net
등록 | 2011년 3월 11일 제2011-000081호
ISBN 978-89-6138-545-9 03810

값 12,000원

저자와 협의해 인지를 생략합니다.
잘못 만들어진 책은 바꾸어 드립니다.